JN423379

성경 속의 리더십

크리스천 리더십의 핵심과 원리

네비게이토 선교회는
국제적이며 복음적인 기독교 기관이다.
예수 그리스도께서는 자기를 따르는 자들에게
"너희는 가서 모든 족속으로 제자를 삼으라"
(마태복음 28:19)는 지상사명을 주셨다.
네비게이토 선교회는 세계 모든 국가에서
예수 그리스도의 일꾼들을 배가시켜
이 지상사명의 성취를 돕는 것을
근본 목표로 하고 있다.

네비게이토 출판사는
네비게이토 선교회의 문서 선교를 담당하고 있다.
본 출판사에서는 그리스도인의 영적 성장을 돕는
서적과 자료들을 출판하여,
그리스도인의 삶의 기초가 견고한
헌신된 제자로 성장하게 하고,
나아가 성숙한 인격과 지도력을 갖춘
일꾼이 되도록 돕고 있다.

Translated by permission
Title originally published in English as
LEGACY OF LEADERSHIP
by Vision Books, Singapore
Copyright © 2015 All rights reserved
Korean Copyright © 2024
by Korea NavPress

LEGACY of LEADERSHIP

Rediscovering the Heart of Leadership

Doug Sparks

네비게이토 출판사
TO KNOW CHRIST AND TO MAKE HIM KNOWN

차 례

저자 소개

덕 스팍스(1928-2003)는 하나님의 사람이요, 지도자요, 개척자요, 큰 비전을 품고 산 사람이었습니다. 진실로 많은 이의 존경과 사랑을 받은 주님의 일꾼이었습니다. 고등학교 졸업 후, 말 그대로 한번 즐겨 보려고 미국 해군에 입대하였는데, 거기서 예수 그리스도를 만나 자신을 드림으로 인생의 방향이 바뀌었습니다. 예수님께 대한 그의 헌신은 네비게이토에서 성경공부를 하면서 꾸준히 자라 갔습니다. 군 복무를 마치고 대학에 진학한 그는 계속 네비게이토와 함께하면서 캠퍼스 사역을 이끌었습니다.

1950년대 중반에, 덕 스팍스는 주님의 부르심에 순종하여 타이완으로 파송되어 선교사의 삶을 시작하였습니다. 1960년대와 1970년대 초반에는 유럽에서 선교 사역을 이끌었고, 또한 중동과 아프리카 사역을 맡아 많은 기여를 하였습니다.

1970년대 후반에 당시 국제 네비게이토 선교회 회장이던 론 쌔니를 도와 부회장으로 섬겼고, 1980년대에는 한국에서 인도에 이르기까지 아시아 지역 사역을 책임 맡아 이끌었으며, 1990년대 초반에는 베트남에서 새로운 선교 사역을 개척하기도 하였습니다. 그는 제자를 삼고 일꾼을 배가하는 일에 평생을 드리다가 2003년 12월 14일 이 땅에서의 달려갈 길을 마치고 그토록 사랑하던 주님 품에 안겼습니다.

그는 평생토록 이사야 54:2-3 말씀을 사랑하며 주장하였는데, 과연 하나님께서는 그의 생전에 이 말씀대로 이루어 주셨습니다.

네 장막터를 넓히며
네 처소의 휘장을 아끼지 말고 널리 펴되
너의 줄을 길게 하며
너의 말뚝을 견고히 할지어다.
이는 네가 좌우로 퍼지며
네 자손은 열방을 얻으며
황폐한 성읍들로
사람 살 곳이 되게 할 것임이니라.

추천의 말

저자는 진실로 하나님의 충성스러운 종이었습니다. 하나님께 사명을 받았고, 그 사명을 이루기 위해 온 마음과 정성과 힘을 다하였습니다. 하나님께서는 하나님의 때에 그를 영적 지도자로 세우셨습니다. 그는 지도자로서 마음을 다하고 뜻을 다하고 힘을 다하여 사람들을 이끌었습니다. 사람들에게 자신의 모든 것을 쏟아부었습니다. 이를 통해 오늘날 전 세계에서 진행 중인 네비게이토 사역에서 기둥 같은 역할을 하였습니다. 무엇보다도 그는 말씀의 사람이었습니다. 하나님의 약속을 믿고, 하나님의 약속을 주장하며, 그 약속을 따라 살았고, 그 약속이 성취되는 것을 보았습니다.

우리 모두가 그렇듯 그 역시 영적 지도자로서 일평생 성장해 갔으며 리더십으로서의 확신을 발전시켜 나갔습니다. 영적 지도자로서 오랜 세월 주님을 섬기면서 리더십의 원리를 배우고 실천하고 가르쳤습니다. 그 내용이 여기에 실려 있습니다. 그는 이 책에서 가르치는 내용을 실제 삶으로 본을 보인 사람입니다. 우리는 주님 안에서 오랫동안 친구로서 서로 도전과 격려를 주고받았습니다. 나는 그에게서 배운 삶의 지혜를 늘 마음 깊이 간직하고 있습니다. 그가 남긴 귀중한 유산인 성경적 리더십의 원리가 전 세계 모든 영적 지도자의 마음과 생활 속에 깊이 뿌리내리기를 기도합니다.

제리 화이트
국제 네비게이토 선교회 전임 회장

추천의 말

훌륭한 지도자인 덕 스팍스는 영적 리더십에서 근본적으로 중요한 점이 무엇인지를 이 분야의 대가답게 명확하게 제시합니다. 저자는 세상의 여러 경영 관리 이론에서보다는 '하나님의 말씀'에서 훌륭한 리더십의 기본 원리를 찾을 수 있다고 확신합니다. 성경에서 보여 주는 리더십은 간략히 요약하면 종과 목자와 청지기입니다.

나는 이 책의 원고를 읽으면서 저자와 함께했던 아름다운 추억이 떠올라 미소를 지었습니다. 저자는 나와 개인 교제를 하면서 내가 영적으로 성장하도록 도와주었습니다. 또한 영적 리더십의 원리를 가르쳐 줄 뿐 아니라 실제 삶으로 본을 보여 주었습니다. 그중 많은 내용이 여기에 실려 있습니다. 여러분도 이 책을 통해 많은 도움을 얻게 되리라 믿습니다. 나는 내가 받은 영적 유산에 대하여 하나님께 늘 감사드리곤 하는 데, 이제 이 보배로운 유산이 여러분의 몫이 될 수 있는 기회가 왔습니다. 여러분에게 이 책을 즐거운 마음으로 적극 추천합니다. 이 책을 통해 리더십으로서의 부르심의 본질을 아주 명확하게 발견하게 되리라 믿습니다. 성경에 나타난 리더십의 핵심 가치와 리더십의 역할과 기여에 대한 성경적인 본을 배우게 될 것입니다.

성경 말씀을 기초로 하여 영적 리더십의 원리와 실례를 명확하게 제시해 줄 메시지가 필요한 이 시대에 이 책은 그 갈증을 풀어 줄 것입니다.

에드먼드 찬
목사, '국제 제자삼는 교회 연합' 창립자

1

영적 리더십이란

우리는 리더십의 기본 원리를 어디에서 찾을 수 있을까요? 행동 과학 같은 학문적 지식에서 찾을 수 있을까요? 아니면, 패튼이나 맥아더 같은 지휘관을 연구함으로써 훌륭한 지도자가 되는 법을 배울까요? 또는 링컨이나 처칠 같은 뛰어난 정치가를 통해 배울까요? 아니면 포드나 록펠러처럼 비즈니스 세계에서 큰 성취를 거둔 기업가에게서 배울까요? 또는 빈스 롬바르디(미식축구 감독)나 존 우든(농구 감독) 같은 탁월한 스포츠 감독에게서 배울까요?

모두 아닙니다.

오늘날 내가 염려하는 한 가지 추세는, 교회와 선교 단체와 기독교 기관의 지도자들이 리더십을 배우기 위해 세속적인 경영 관리 원리를 그대로 받아들이고 있다는 점입니다. 한 기독교 지도자가 내게 말하기를, 크리스천 리더십이란 한마디로 경영 관리라고 했습니다. 그래서 훌륭한 크리스천 지도자가 되기 위해 여러 경영 관리의 기법을 공부합니다. 마치 훌륭한 크리스천 목수가 되려면 훌륭한 목수 기술을 배우면 된다는 것과도 같습니다. 기독교 기관을 이끄는 것을 IBM과 같은 기업을 이끄는 것과 별반 다를 게 없다고 여깁니다. 그러나 이러한 생각은 참으로 위험할 수 있습니다.

우리는 훌륭한 리더십의 기본 원리를 하나님의 말씀 안에서 찾아볼 수 있습니다. 성경은 리더십에 관하여 구체적으로 정의하지는 않지만, 리더십이 무엇인지를 말씀해 줍니다. 무엇보다 그리스도 안에서 영적 리더십의 기본 원리를 보여 줍니다. 예수 그리스도는 유일하신 완전한 지도자이십니다. 또한 성경에 나오는 지도자들, 예를 들면 가정의 지도자, 국가 지도자, 군사 지도자, 제사장, 선지자, 교회 지도자, 선교사 등을 통해서 리더십의 기본 원리를 발견할 수 있습니다.

훌륭한 리더십의 기본 뿌리는 성경에 있습니다. 이 기본 원리를 명확히 알고 난 후에야 세속적인 경영 관리 원리에서도 배울 수 있습니다. 따라서 성경적 기초를 놓는 일이 반드시 우선되어야 합니다.

성경에서 지도자는 반드시 종이요 목자요 청지기가 되어야 한다고 가르쳐 줍니다. 이 세 가지는 사실 모든 그리스도인에게 해당됩니다. 훌륭한 지도자가 되기 위해서는 훌륭한 그리스도인이 되어야 합니다.

그러므로 크리스천 리더십은 배타적이 아니라 포용적입니다. 크리스천 리더십의 본질은 엘리트주의자가 아니라 본을 보이는 사람입니다. 그들은 전체의 일부가 되어 서로 조화를 이루며 본으로서 전체를 섬깁니다.

크리스천 리더십은 다차원적입니다. 일차적인 초점은 하나님께 있습니다. 즉 하나님이 누구신가, 그리고 하나님께서 자기 백성 가운데서, 그리고 전 세계에서 이루시고자 하는 것이 무엇인가 하는 것입니다. 크리스천 리더십은 하나님께서 세상에서 이루려고 하시는 일을 하나님의 백성과 함께 행하는 것입니다.

크리스천 리더십은 하나님과 하나님의 백성과 하나님의 일에 초점을 맞춥니다. 그 역할은 하나님의 종, 하나님의 백성의 목자, 하나님의 일의 청지기[관리자]입니다.

크리스천 지도자는 모든 상황에서 이 세 차원을 늘 고려해야 합니다.

* 어떻게 하나님을 기쁘시게 하고 섬길 것인가?

* 어떻게 하나님의 백성을 목자처럼 돌볼 것인가?

* 어떻게 하나님께서 주신 사명을 잘 이룰 것인가?

크리스천 지도자를 실제적으로 정의하면 다음과 같습니다. 즉 '자기 책임하에 있는 사람들을 목자처럼 돌보며 특정한 사명을 이루도록 하나님의 택하심을 받은 종'입니다.

다음 그림은 크리스천 리더십의 목표를 도식화하여 보여줍니다. 여기에는 종으로서의 리더십, 목자로서의 리더십, 청지기로서의 리더십이 핵심 요소입니다. 크리스천 리더십의 기초는 '종의 도'입니다. 크리스천 지도자는 무엇보다 하나님의 종으로서 하나님을 섬기며 하나님께 순종하는 사람입니다. 또한 목자로서 하나님의 사람들을 섬겨 그들이 영적으로 성장하도록 도와줍니다. 나아가 선한 청지기로서 하나님께서 맡겨 주신 사명을 성취하기 위하여 하나님의 일을 충성스럽게 섬깁니다. 크리스천 리더십의 목표를 성취하는 데에는 이 세 가지 요소가 반드시 있어야 합니다.

리더십의 목표

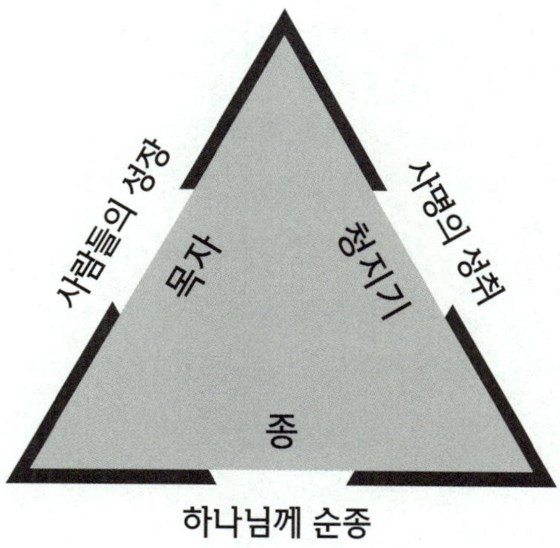

2

종으로서의 리더십

크리스천 리더십의 기초는 종으로서의 리더십입니다. 성경에 보면, 하나님께서 택하신 모든 지도자는 하나님과 하나님의 목적과 하나님의 백성을 섬기는 종이었습니다. 이 말에는 그 사람과 하나님과의 관계, 그 사람의 인격, 그 사람의 순종과 섬김이 다 포함되어 있습니다. 마가복음 10:35-45에서 예수님께서는 하나님 나라에서 종으로서 섬기는 리더십의 보편적 원리를 가르쳐 주셨습니다.

자연적인 지도자는 태어나지만 종으로서의 지도자는 만들어집니다. 모세는 이 사실을 보여 주는 완벽한 본이라고 할 수 있습니다. 40세에 그는 애굽의 지도자가 되어 있었습니다. 자연적인 재능도 뛰어났고 애굽의 모든 학술을 배워 그 말과 행사가 능한 사람이었습니다(사도행전 7:22). 그는 40년 동안 애굽의 최고 교육을 받아 훌륭한 지도자가 되었습니다. 그러나 그 후 문명과는 거리가 먼 외딴 광야 구석에서 가축 떼를 치는 목자로서 40년을 보낸 후에야 비로소 종으로서의 지도자 역할을 감당하는 법을 배우게 되었습니다. 그리고 그다음 40년 동안 하나님과 이스라엘 백성을 섬기는 종으로서의 리더십을 실천하면서 계속 성장해 나갔습니다. 만일 하나님께서 사람에게 주실 수 있는 최고의 묘비명이 있다면 그것은 모세에게 주신 것일 겁니다. 하나님께서는 모세를 "내 종 모세"라 부르셨습니다(민수기 12:7-8, 여호수아 1:2, 말라기 4:4). 모세는 구약성경에서 리더십의 정점에 다다른 인물입니다. 그는 하나님의 종이었습니다.

어떻게 종으로서의 지도자가 되는가

1. 하나님과 친밀한 관계를 유지함

모세는 구약성경에서 가장 위대한 '종으로서의 지도자'였습니다. 물론 모든 시대를 통틀어 가장 위대한 '종으로서의 지도자'는 예수님이십니다. 모세와 예수님은 모두 하나님과 친밀한 관계를 생명처럼 여겼습니다. 여호와께서는 마치 사람이 자기 친구에게 말하듯이 모세와 얼굴을 맞대고 말씀하셨습니다(출애굽기 33:11). 민수기 12:8에 보면, 하나님께서는 모세와는 "대면하여 명백히 말하고 은밀한 말로 아니"하셨습니다. 이처럼 모세는 여호와 하나님의 음성을 들었을 뿐 아니라 또한 '여호와의 형상'을 보았습니다.

이러한 친밀한 관계는 주님을 섬기는 모든 그리스도인이라면 누구나 바라는 바이지만, 종으로서의 지도자에게는 절대적으로 필요한 것입니다. 모세는 어떻게 하나님과 이처럼 친밀한 관계를 맺게 되었을까요?

출애굽기 33-34장에서 모세와 하나님과의 관계가 어떠했는가를 엿볼 수 있습니다.

첫째, 모세는 하나님을 구하며 하나님과 친밀한 교제를 하는 데 많은 시간을 보냈습니다. 이는 모세의 삶에서 규칙적인 생활 방식이었습니다. 그는 자주 하나님과 단둘이 오랫동안 시간을 보내곤 했습니다.

둘째, 모세는 전적으로 하나님의 자원을 의지하였습니다. "보시옵소서. 주께서 나더러 이 백성을 인도하여 올라가라 하시면서 나와 함께 보낼 자를 내게 지시하지 아니하시나이다"(출애굽기 33:12). 모세에게는 무엇보다 하나님의 자원이 필요했습니다. 이것이 그가 하나님을 찾은 절실한 이유였습니다.

셋째, 모세는 주님의 길을 분명히 보여 주시고 주님을 알게 해 달라고 간구하였습니다(출애굽기 33:13). 비록 하나님께서 모세를 개인적으로 알고 계시고 모세는 하나님 앞에서 은총을 받은 사람이었지만, 모세는 그것으로 만족하지 않았습니다. 그를 진정 충만케 한 것은 하나님께서 주시는 축복이 아니라 오직 그 축복을 주시는 하나님이었습니다.

이 사실이 하나님을 기쁘시게 했고, 하나님께서는 자신의 계획을 바꾸지 않을 수 없었습니다. 원래 하나님께서는 모세와 함께 한 천사를 보내실 계획이었습니다(출애굽기 33:2-3). 그러나 하나님을 친밀하게 알기를 간절히 구하는 모세를 보시고는 "내가 친히 가리라. 내가 너로 편케 하리라" 하고 약속해 주셨습니다(출애굽기 33:14). 하나님께서는 모세와 친히 동행하심으로, 이스라엘 백성을 이끄는 중책을 맡은 모세의 마음을 편안하게 해 주겠다고 하셨습니다. 그러자 모세는 아주 깜짝 놀랄 말씀을 하나님께 드렸습니다. "주께서 친히 가지 아니하시려거든 우리를 이곳에서 올려 보내지 마옵소서"(출애굽기 33:15).

여기서 알 수 있는 사실은, 넷째로 종으로서의 지도자의 최고 헌신은 자신이 맡은 사명에 대한 헌신이 아니라 자신의 주인께 대한 헌신이라는 것입니다. 자기가 맡은 사명을 성취하는 일이 아니라, 자기의 주인 되신 주 여호와 하나님의 임재 안에 거하는 일에 헌신해야 합니다. 주님 없이 "젖과 꿀이 흐르는 땅"(출애굽기 33:3)을 얻는 것은 주님과 함께 광야에 있는 것보다 훨씬 못한 것이었습니다. 종으로서의 지도자에게 가장 큰 간구 제목은 하나님 자체입니다. 그는 하나님 그분을 간절히 구하는 사람입니다. 모세는 하나님께 "주의 영광을 내게 보이소서" 하고 간구했습니다(출애굽기 33:18).

하나님께서는 모세의 간구를 기뻐 받으시고 "나의 모든 선한 형상을 네 앞으로 지나게 하고 여호와의 이름을 네 앞에 반포하리라" 하고 약속하셨습니다(출애굽기 33:19). 이 약속대로 여호와께서는 구름 가운데 모세에게 내려오셔서 여호와의 이름을 반포하셨습니다(출애굽기 34:5-7). "여호와께서 그의 앞으로 지나시며 반포하시되, '여호와로라. 여호와로라. 자비롭고 은혜롭고 노하기를 더디 하고 인자와 진실이 많은 하나님이로라'"(6절). '여호와'란 '스스로 있는 자(I AM WHO I AM)'라는 뜻입니다(출애굽기 3:14). 이와 함께 하나님의 여러 속성, 즉 하나님의 자비로우심, 은혜로우심, 노하기를 더디하심, 하나님의 인자하심, 진실하심, 공의로우심을 나타내셨습니다(출애굽기 34:6-7).

주님의 속성과 주님의 길과 주님의 뜻을 알지 못하고, 또 주님의 말씀을 분명히 듣지 못하고는 아무도 종으로서의 지도자가 될 수 없습니다. 이를 위해서는 사람이 그 친구와 대면하여 이야기하는 것과 같이, 하나님과 얼굴과 얼굴을 맞대고 교제하는 친밀한 관계가 있어야 합니다. 모세는 하나님의 종이요 하나님의 친구였습니다. 하나님께서는 진리와 능력으로 모세와 함께하셨습니다. 이런 유형의 리더십이 오늘날 필요한 리더십입니다. 리더십에서 기술은 이차적인 것입니다. 항상 하나님과의 친밀한 영적 교제를 통해 하나님을 깊이 아는 것이 반드시 우선이 되어야 합니다.

2. 경건한 인격을 훈련함

하나님을 구하고 하나님과 친밀한 교제를 갖게 되면 하나님과 하나님의 길을 더욱 잘 알게 될 뿐 아니라, 나아가 하나님을 더욱더 닮게 됩니다.

"우리가 다 수건을 벗은 얼굴로 거울을 보는 것같이 주의 영광을 보매 저와 같은 형상으로 화하여 영광으로 영광에 이르니 곧 주의 영으로 말미암음이니라"(고린도후서 3:18). 자신의 주인이신 하나님의 뜻과 길을 묵상하는 것은 종으로서의 지도자가 꼭 해야 할 일입니다. 따라서 진리와 경건한 인격, 이 두 면에서 주님을 닮아 가야 합니다.

누군가를 상담하거나 조언할 때 진리로 하되 경건하지 않은 방법으로 하게 되면 대단히 파괴적인 결과를 낳을 수도 있습니다. 오래전의 일인데, 한 동료 선교사가 자신이 맡은 일에 만족해하지 못하고 자꾸 불평했습니다. 자신이 맡은 일을 기뻐하기보다는, 다른 사람이 맡은 일이 더 좋아 보였는지 그 일을 더 원하였습니다. 그래서 내 딴에는 그를 바로잡아 주려는 선한 동기로 열을 올리며 그를 책망하였습니다. 우리 관계에 한동안 긴장감이 맴돌았습니다. 그리고 나는 그 일을 까맣게 잊었습니다. 18년이 지난 어느 날 그가 내게 와서 그때 일을 꺼냈습니다. 그때 그 일로 그는 마음이 너무 불편하여 힘들었고, 지금까지도 해결되지 못했다고 했습니다. 이 일을 통해 나는 진리를 말하되 사랑 가운데서 해야 함을 깊이 배우게 되었습니다.

신약성경에서 리더십에 필요한 자질 중 으뜸으로 강조하는 점이 경건한 인격입니다. 디도서 1:5-9, 디모데전서 3:1-7, 베드로전서 5:1-4을 보면, 영적 지도자가 갖추어야 할 자질이 수십 가지가 나옵니다. 그런데 주목할 점은 그중 몇 가지만 능력과 관련되어 있고, 나머지는 모두 경건한 인격과 관련되어 있다는 점입니다. 리더십의 자질을 열거하면 다음과 같습니다.

* 책망할 것이 없음
* 한 아내의 남편임
* 믿는 자녀를 둠
* 제 고집대로 하지 아니함
* 급히 분내지 아니함
* 술을 즐기지 아니함
* 구타하지 아니함

* 더러운 이를 탐하지 아니함
* 나그네를 대접함
* 선을 좋아함
* 근신함
* 의로움
* 거룩함
* 절제함
* 미쁜 말씀의 가르침을 그대로 지킴
* 능히 바른 교훈으로 권면함
* 거슬러 말하는 자를 책망함
* 아담함
* 가르치기를 잘함
* 관용함
* 다투지 아니함
* 돈을 사랑치 아니함
* 자기 집을 잘 다스림
* 새로 입교한 자가 아님
* 외인에게서도 선한 증거를 얻음
* 하나님의 양 무리를 침
* 부득이함으로 하지 아니함
* 하나님의 뜻을 좇아 자원함으로 함
* 더러운 이를 위하여 하지 아니함
* 즐거운 뜻으로 함

* 맡은 자들에게 주장하는 자세를 하지 아니함
* 양 무리의 본이 됨
* 목자장 앞에서 회계할 것을 생각함

리더십의 인격에 최고의 강조점을 두는 것은 성경에서뿐만 아니라 세상에서도 동일합니다. 한 TV에서 대통령 참모를 지낸 사람들에게 대통령의 자질에 대하여 인터뷰했습니다. 그들은 어떤 자질에 대해서는 동의하지 않았지만 대통령직에 요구되는 최고의 자질이 인격이라는 데는 만장일치를 보였습니다.

3. 하나님께 순종함

종으로서의 지도자에게 순종은 선택이 아니라 필수입니다. 참된 종이 주인이신 주님께 불순종한다는 것은 있을 수가 없습니다. 순종은 종으로서의 지도자에게 그 무엇보다 중요합니다. 순종이 있으면 성공하고, 순종이 없으면 실패합니다.

하나님께서는 여호수아에게 자기 백성을 약속의 땅으로 인도할 책임을 맡기시면서 성공에 이르는 열쇠는 하나님의 명령에 순종하는 것이라고 말씀해 주셨습니다.

하나님께 순종하기 위해서 여호수아에게는 네 가지가 필요했습니다(여호수아 1:6-9).

1) **마음을 강하게 함**. 이것은 행동할 능력을 말합니다. 하나님의 명령을 따라 발걸음을 내딛고, 적극 앞장서서 순종하기를 지체하지 말라는 것입니다. 그 상황을 책임지고 주도하라는 것입니다.

2) **담대히 함**. 이것은 마음의 훈련을 통해 참고 견딜 줄 아는 것을 말합니다. 순종에는 훈련과 인내가 필요합니다.

3) **하나님의 말씀을 묵상하고 지켜 행함**. 묵상한다는 것은 하나님의 구체적인 명령을 자기 삶과 리더십에 적용하려는 의도로 곰곰이 생각하는 것입니다. 우리는 묵상을 통해 하나님의 말씀을 잘 알게 됩니다. 하나님의 말씀이 우리와 우리 상황에 어떻게 적용되는지를 알았으면, 나아가 최선을 다해 전심으로 지켜 행해야 합니다.

4) **하나님의 함께하심과 약속을 믿음**. 하나님께서는 "네가 어디로 가든지 네 하나님 여호와가 너와 함께하느니라" 하고 약속해 주셨습니다. 이 격려와 약속을 힘입어 여호수아는 순종할 수 있었습니다. 순종에는 하나님의 함께하심과 하나님의 약속과 능력이 꼭 필요합니다. "너희를 부르시는 이는 미쁘시니 그가 또한 이루시리라"(데살로니가전서 5:24).

순종하기 위해서는 내적 원동력이 필요합니다. 오직 주님을 기쁘시게 하려는 동기가 있어야 합니다. 종으로서의 지도자는 다른 무엇보다도 하나님을 사랑하고, 하나님을 기쁘시게 하기를 추구합니다. 예수님께서는 요한복음 8:29에서 이러한 사실을 보여 주셨습니다. "나를 보내신 이가 나와 함께 하시도다. 내가 항상 그의 기뻐하시는 일을 행하므로 나를 혼자 두지 아니하셨느니라."

우리는 때로 사람을 '섬기는' 것과 사람을 '기쁘게 하는' 것을 혼동합니다. 섬김의 효과 여부를 하나님의 반응보다 사람들의 반응에 따라 평가하기 때문입니다. 우리는 하나님을 기쁘시게 하기 위하여 사람들을 섬겨야 합니다. 세상적 섬김은 인정과 보수를 얻는 데 있지만, 경건한 섬김은 오직 하나님을 기쁘시게 하는 데 있습니다.

그리스도의 진정한 종은 하나님의 기쁨과 인정만을 구합니다. 사도 바울은 이렇게 말씀합니다. "이제 내가 사람들에게 좋게 하랴? 하나님께 좋게 하랴? 사람들에게 기쁨을 구하랴? 내가 지금까지 사람의 기쁨을 구하는 것이었더면 그리스도의 종이 아니니라"(갈라디아서 1:10).

종으로서의 지도자는 교리적인 영역이든 도덕적인 영역이든 모든 영역에서 하나님의 말씀에 권위를 두고 굳게 서 있습니다. 흑백의 기준을 오직 말씀에 둡니다. 성경이 검다고 말씀하면 검다고 믿고, 성경이 희다고 말씀하면 희다고 믿습니다. 따라서 때로는 이른바 '대중의 합의'를 따라가지 않을 수도 있습니다. 사람의 뜻이 아니라 오직 하나님의 뜻을 따릅니다. 지도자가 맞닥뜨리는 한 가지 위험은 어떤 사안이 틀렸음을 분명히 알면서도 대중의 합의를 따르는 것입니다. 왜 그럴까요? 하나님보다는 사람을 기쁘게 하려는 경향이 우리에게 있기 때문입니다.

또 하나의 위험은 하나님의 뜻보다 집단의 뜻을 찾고 구하는 데 더 많은 시간을 보내는 것입니다. 사람들의 합의를 이끌어 내는 데 지나치게 많은 시간과 에너지를 쓰지 않도록 하십시오.

그러면 지도자가 하나님의 뜻을 명확히 알고 있을 경우에는 어떻게 해야 할까요? 이때에도 지도자는 늘 종으로서 그리스도의 사랑과 겸손으로 이끌어야 합니다. 디모데후서 2:24-26을 보십시오. 그는 다투지 아니하며 자기 뜻을 사람들에게 강요하지 않습니다. 사람들이 자신의 조언에 아무 반응을 보이지 않더라도 분을 내지 않습니다. 그는 인내하면서 온유하고 친절하게 그들을 가르치고, 하나님께서 그들의 마음속에서 역사하실 것을 믿고 의지합니다. 그의 목표는 단순합니다. 사람들이 하나님께 순종할 수 있도록 이끌어 주는 것입니다.

하나님의 뜻이 명확하지 않는 사안에 대해서는 어떻게 해야 할까요? 하나님께서 뜻을 명확히 보여 주실 때까지 다른 사람들의 견해와 의견을 경청하고 거기에서 배우려는 겸손한 태도로 조화를 이루는 방향으로 나아가십시오(에베소서 5:21, 베드로전서 5:5-6). 종으로서의 지도자는 개방적이고 피차 복종하며 배우는 분위기를 만들어야 합니다. 이런 분위기는 구성원이 함께 하나님의 뜻을 발견하는 데 아주 중요합니다.

상황이 달라지면 의사 결정 과정도 달라야 한다는 사실을 주목해야 합니다. 함께 일하는 사람들이 경험이 부족한 경우에는 알아듣기 쉽게 구체적으로 말해 주는 게 좋습니다. 더욱 주의를 기울여 그들의 말을 잘 경청하십시오. 차츰 그들이 성장하고 성숙해 가면, 지도자 쪽에서 약간의 지침을 제시하면서 함께 토의하고 의견을 주고받는 일이 더 많아질 것입니다.

그러나 함께 일하는 사람들이 경험이 많고 성숙한 경우에는 함께 주님의 명확한 방향을 구하면서 주님의 인도하심을 기다리는 것이 좋습니다. 주님께서는 그 방향을 그룹 안의 어느 누구를 통해 보여 주실 수도 있고, 여러 사람이 함께 토의하며 뜻을 모으는 과정에서 보여 주실 수도 있습니다.

만약 각각의 의사 결정 과정에서 어떤 지도자에게 최종 책임이 있다면 그는 최종 결정을 내리고 그 결정대로 실행해야 합니다. 하지만 하나님의 뜻을 찾고 함께 실행하는 그 과정에 반드시 그룹 구성원을 포함해야 합니다.

종으로서의 리더십에 대한 예수님의 가르침

예수님께서는 여러 상황을 잘 이용하여 가르치는 분이셨습니다. 어떤 교훈을 가르치실 때 최상의 상황이 올 때까지 기다렸다가 기회가 왔을 때 중요한 진리를 가르치곤 하셨습니다.

한 예가 마가복음 10:32-45에 기록되어 있습니다. 제자인 야고보와 요한이 예수님께 와서 말했습니다. "선생님이여, 무엇이든지 우리의 구하는 바를 우리에게 하여 주시기를 원하옵나이다." 예수님께서 물으셨습니다. "너희에게 무엇을 하여 주기를 원하느냐?" 그러자 이렇게 구했습니다. "주의 영광 중에서 우리를 하나는 주의 우편에, 하나는 좌편에 앉게 하여 주옵소서." 예수님께서는 이 상황을 발판으로 사용하셔서 리더십에 관한 보편적인 진리를 가르쳐 주셨습니다.

1. 야망인가 섬김인가

이전에 야고보와 요한은 권세와 지위와 과업 완수에 마음이 사로잡혀 있었습니다. 그래서 사람들을 향해 공격적인 태도를 보였습니다.

누가복음 9:49-50을 보면, 어떤 사람이 자기들과 함께 예수님을 따르지 않으면서 예수님 이름으로 귀신을 내어 쫓는 것을 보고 금하였습니다. 그 사람이 그들과 함께 예수님을 따르지 않았기 때문입니다. 결국 그 사람이 아무 일도 못 하게 막았습니다. 또 누가복음 9:52-56에서는 그곳 사람들이 예수님 일행을 받아들이지 않는다고 하늘에서 불을 내려 사마리아인의 한 촌을 멸하시기를 예수님께 요청했습니다.

마침내 그들은 예수님께 나아와 그들 자신을 위하여 구했는데, 주님의 나라에서의 권세와 지위였습니다. 이를 통해 그들의 속내가 드러났습니다. 대개 사람들이 추구하는 목표를 보면 그들의 영적 깊이와 실상이 드러납니다.

권세와 지위에 대한 야망은 비단 야고보와 요한만의 문제가 아닙니다. 지도자의 위치에 있는 사람이라면 누구에게나 닥칠 수 있는 유혹입니다. 우리 속에는 사람들을 임의로 주관하고 권세를 부리며 으뜸이 되는 자리에 앉고 싶은 마음이 있습니다. 그러나 예수님께서는 섬김을 받으려 함이 아니라 도리어 섬기려고 오셨다고 말씀하십니다. 예수님을 본받아 '모든 사람의 종'이 되어야 합니다. 으뜸이 되는 자리는 하나뿐이지만 지도자로서 종이 되어 섬길 기회는 언제나 많이 열려 있습니다.

여기서 재미있는 사실을 엿볼 수 있습니다.

* 예수님께서는 십자가를 바라보셨습니다. 예수님의 궁극적 관심은 섬김에 있었습니다.
* 야고보와 요한은 높은 자리를 바라보았습니다. 그들의 궁극적 관심은 권세에 있었습니다.
* 다른 제자들은 분하고 경쟁하는 마음으로 야고보와 요한을 바라보았습니다.

예수님과 제자들은 궁극적 관심이 서로 달랐습니다.

리더십에서 가장 큰 문제점이 무엇인지 아십니까? 바로 교만입니다. 야고보와 요한을 통해 리더십에서 가장 일반적인 문제가 교만임을 알 수 있습니다. 그들은 예수님께 이렇게 요청한 것입니다. "선생님, 무엇이든지 우리가 구하는 바를 주십시오. 우리는 지도자가 되기를 원합니다. 이게 우리의 야망입니다. 주님 나라에서 넘버원, 넘버투가 되기 원합니다."

이 교만은 이기적 야망 문제일 뿐 아니라 비교와 경쟁 문제이기도 합니다. 사람들이 교만한 이유를 유심히 살펴보면, 자신이 절대적으로 강하거나 똑똑하거나 부유하기 때문이 아닙니다. 단지 누군가보다 더 강하거나 더 똑똑하거나 더 부유해지려고 하기 때문인 경우가 많습니다.

우리 아이들이 어렸을 때입니다. 아이들을 재우기 전에 함께 기도하곤 했는데, 아이들은 밤마다 자기가 먼저 기도하겠다고 다투었습니다. 그래서 하루 저녁에는 아내가 아이들에게 마가복음 10:44 말씀을 들려주면서 "예수님께서는 누구든지 첫째가 되고 싶으면 맨 나중이 되어야 한다고 하셨단다" 하고 말해 주었습니다. 그다음 날 밤 기도 시간에 아이들은 또 다투기 시작했습니다. 이번에는 자기가 맨 나중에 하겠다고 싸웠습니다. 이렇게 비교하고 경쟁하는 마음은 우리 모두에게도 숨어 있습니다. 물론 내 안에도 있습니다.

교만을 치료할 수 있는 해독제가 무엇일까요? 겸손한 마음으로 섬기는 것입니다. 어떤 이들은 크리스천 리더십에 필요한 것은 한마디로 종의 '태도'라고 말합니다. 그런데 예수님께서는 마태복음 20:27에서 "너희 중에 누구든지 으뜸이 되고자 하는 자는 너희 종이 되어야 하리라" 하고 말씀하셨습니다. 여기서 사용된 '종'에 해당하는 헬라어 단어가 '디아코노스'인데, 다른 사람들을 적극적으로 섬기고 돕는 사람을 말합니다. 여기에는 단지 '태도'만이 아니라 '행동'까지 들어 있습니다. 무엇이 진정 위대한 리더십일까요? 그것은 다른 사람들을 낮추어 여러분을 섬기게 하는 것이 아니라, 여러분 자신을 낮추어 다른 사람들을 적극적으로 섬기는 것입니다.

2. 예수님의 가르침

그러면 예수님께서 가르쳐 주신 종으로서의 리더십의 원리를 살펴봅시다(마태복음 23:10-12, 마가복음 10:42-45, 누가복음 22:24-27, 요한복음 13:1-17 참조).

세상의 리더십	크리스천 리더십
지위: 사람들을 주관하는 집권자 사람들 '위에' 군림 우월감 남에게 존경을 요구 자리에 초점	지위: 사람들을 섬기는 종 사람들 '중에' 있음 겸손(빌립보서 2:3-4) 남을 더 낫게 여김 역할에 초점
기능: 사람에게 권세를 부림 '누가 나를 섬기는가?'에 관심 '주인'인 양 행동 "너희 중에는 그렇지 아니하니"(마가복음 10:43)	기능: 사람을 섬김 '내가 누구를 섬기는가?'에 관심 '형제'로서 섬김 "나는 섬기는 자로 너희 중에 있노라"(누가복음 22:27)

예수님의 가르침의 결론은, 그리스도의 왕국에서 유일하게 허용된 리더십은 종으로서의 리더십이라는 사실입니다.

이 가르침을 우리의 삶에 어떻게 적용할 수 있겠습니까? 리더십을 사람들 위에 군림하는 교만의 통로가 아니라 사람들을 섬기는 겸손의 통로로 여기고 실천하는 것입니다.

종으로서의 리더십 스타일

1. 사람들과의 관계에서 - "너희 중에" (마가복음 10:43)

복음주의적 기독교 교육학자인 로렌스 리처즈는 기독교 교육에 관한 저서에서 이렇게 말했습니다. "종은 자기가 이끄는 사람들 '중에' 있는 사람이지 그들 '위에' 있는 사람이 아닙니다. 그러므로 사람들 '중에' 있는 관계는 자기와 사람들을 동등하게 대합니다. 다른 사람을 우리와 동등한 높이에 두고 볼 때 우리는 그를 우리와 '같은' 사람으로 받아들이게 됩니다. 그 결과 모든 종류의 정보와 데이터가 원활하게 흐르게 됩니다. 아이디어, 감정, 생각, 태도 등 모든 것을 공유할 수 있습니다. 서로서로가 동등한 위치에 서서 상대방을 존중하고 있음을 알기 때문입니다. 의사소통의 채널이 양방향으로 열려서, 누구나 소통을 시작할 수 있고 응답할 수 있습니다. 서로서로 마음과 생각을 나눌 수 있습니다. 교회라는 맥락에서 본다면,

서로 섬길 수 있고, 서로 응답할 수 있습니다."

2. 사람들을 섬기는 방식에서 (마가복음 10:45)

리처즈는 계속해서 말합니다. "종의 임무는 하나님께서 중요하게 여기시는 어떤 일 속에서 다른 사람들을 섬기는 것입니다. 종은 예수님처럼 제자들 '중에' 있으면서 다른 사람들을 위하여 자기 삶을 허비하고 자기 목숨까지 내어 줍니다."

이처럼 자기 삶을 허비하고 자기 목숨까지 내어 주는 '종으로서의 지도자'를 사람들은 귀히 여깁니다. 사람이 우리의 목적을 성취하기 위한 수단이 아니라, 그들 자체가 우리의 목적입니다. 그 결과 하나님을 섬기고 영화롭게 합니다.

몇 년 전입니다. 핀란드에서 사역하는 동료 선교사가 건강진단 결과 암 선고를 받았습니다. 전이 속도가 아주 빠른 치명적인 암이었습니다. 나는 헬싱키에 있는 그에게 전화를 걸어, 미국에 있는 최고의 암 병원에서 즉시 치료받을 수 있도록 모든 조처를 해 놓았다고 말해 주었습니다. 그는 이렇게 말했습니다. "덕, 주님께서는 우리에게 디모데후서 3:10-11 말씀을 주셨습니다. 이곳 핀란드인 제자들은 우리의 교훈과 행실과 의향과 믿음과 오래 참음과 사랑과 인내에 대해서는 잘 압니다. 그러나 우리의 핍박과 고난에 대해서는 아직 겪어 보지 않아서 잘 모릅니다. 하나님께서는 이 사랑하는 사람들을 섬기는 우리의 사역을 온전케 하시려고 그 암을 허락하셨다고 믿습니다." 그는 바울처럼 그리스도와 핀란드인들에 대한 자신의 섬김을 완성하기 위하여 자기 생명을 기꺼이 쏟아부으며 허비하고 있었습니다(빌립보서 1:23-25 참조). 그리스도와 핀란드인들을 자기 생명보다 더 사랑하였던 것입니다.

무엇이 정말로 영원한 가치가 있는 것일까요? 유럽, 중동, 아프리카에서의 임무를 마친 후 어느 날, 새벽 두 시에 잠이 깨었습니다. 다음 질문이 강하게 내 가슴에 울렸습니다. "너는 그곳에서 '영원한 가치'를 위하여 무엇을 이루었느냐?" 직감적으로 나는 유일하고 참된 대답이 무엇인지를 알았습니다. 그것은 곧 내가 그리스도를 위하여 다른 사람들의 삶 속에서 이룬 것이었습니다.

리처즈는 이렇게 말했습니다. "종은 명령하지 않습니다. 그는 행합니다. 종은 사람들에게 지시하지 않습니다. 그는 본을 보입니다. 종은 말씀을 가르치고는 성령님께서 그 사람의 마음과 뜻과 행동 속에서 역사하시기를 기다립니다."

마가복음 10:45에서 보듯, 예수님께서는 하나님의 뜻 안에서 사람들을 섬기기 위하여 자신을 죽음에 내어 주기까지 헌신하셨습니다. 이러한 헌신이 예수님의 사역 스타일이었습니다. 마태복음 20:28에서 이렇게 말씀하셨습니다. "인자가 온 것은 섬김을 받으려 함이 아니라 도리어 섬기려 하고 자기 목숨을 많은 사람의 대속물로 주려 함이니라." 이것이 우리의 사역 스타일이 되어야 마땅합니다.

3. 사람들을 섬기는 내용에서

사람들에게 그들이 원하는 것이 아니라 그들에게 필요한 것을 주십시오. 예수님께서는 야고보와 요한에게 그들이 원하는 것이 아니라 그들에게 필요한 것을 주셨습니다. 그들은 남들보다 뛰어나고 권세 있는 리더십을 원했습니다. 그러나 예수님께서는 그들에게 두 가지가 필요한 것을 아셨습니다. 즉 리더십이 치러야 할 값과 리더십의 원천이 무엇인지를 분명히 아는 것입니다.

그들에게 필요한 것과 그들이 원하는 것 사이에는 어떤 차이가 있습니까?

◆ 리더십이 치러야 할 값

리더십을 원하는 야고보와 요한에게 예수님께서는 "너희 구하는 것을 너희가 알지 못하는도다?"라고 말씀하셨습니다(마가복음 10:38). 그들은 크리스천 리더십이라는 자리의 본질과 그로 인해 치러야 할 값이 무엇인지를 몰랐습니다. 리더십이 치러야 할 값은 거절당하고 고난당하고 허물을 담당하고 사람들에게 부당한 대우를 받고 죽임을 당하는 것입니다. 사도들 중에서 야고보는 첫 번째 순교자였고, 요한은 마지막 순교자였다는 점을 생각하기 바랍니다.

◆ **리더십의 원천**

"내 좌우편에 앉는 것은 나의 줄 것이 아니라 누구를 위하여 예비되었든지 그들이 얻을 것이니라"(마가복음 10:40). 하나님의 절대주권적인 뜻에 굴복하고 맡기십시오. 리더십 자리를 구하지 마십시오. 누구를 위하여 예비되었든지 하나님께서 그 사람에게 주실 것입니다. 하나님께서 여러분을 택하시면 여러분에게 주실 것입니다. 하나님의 훈련 프로그램에 굴복하십시오. 하나님께서는 사람을 빚으시고 만드셔서 리더십 역할을 맡기십니다.

아내가 암으로 투병하며 임종을 앞두고 있을 때 나는 주님께 이렇게 말씀드린 적이 있습니다. "이것이 저를 위한 리더십 훈련 프로그램이라면 저는 관심 없습니다. 지금이라도 기꺼이 이 자리를 사임하고 아내와 함께 여생을 보내고 싶습니다."

주님께서 말씀하셨습니다. "네 마음을 잘 안다. 그러면 너에게 질문 하나만 하마. 내 영광은 어떻게 되는 거니?"

"……." 더 이상 할 말이 없었습니다. 나는 울면서 대답했습니다. "주님, 알겠습니다." 마침내 나는 주님의 절대주권적인 뜻에 굴복했습니다.

리더십에서 근본적인 문제는 교만입니다. 그 교만을 해결하는 가장 기본적인 해결책은 하나님의 영광만을 구하는 겸손한 섬김입니다.

예수님의 본

1. 섬기는 지도자

모든 그리스도인은 하나님의 종이요 동시에 사람들의 종이 되어야 합니다. 종으로서의 지도자는 일차적으로 하나님을 섬기고, 또한 다음에 사람들을 섬기는 종의 본을 보여야 합니다.

마지막 저녁 식사 자리에서 예수님께서는 종으로서의 본을 몸소 보여 주셨습니다(요한복음 13장). 제자들의 발을 씻겨 주신 후 이렇게 말씀하셨습니다. "내가 주와 또는 선생이 되어 너희 발을 씻겼으니 너희도 서로 발을 씻기는 것이 옳으니라"(14절). 주님과 선생이신 예수님께서 자신들의 발을 씻겨 주셨다면 그들도 서로 발을 씻겨 주는 것이 마땅하다는 말씀입니다. 이어서 "내가 너희에게 행한 것같이 너희도 행하게 하려 하여 본을 보였노라" 하고 말씀하셨습니다(15절). 그들은 예수님의 사도들이었습니다. 장차 교회의 지도자요 기둥이 될 사람들이었습니다. 예수님께서는 섬기는 자로서 그들 '중에' 계시면서 그들이 따라야 할 본을 보여 주셨습니다.

여러 해 전에 있었던 일입니다. 몇 선교사와 함께 타이완의 산간 지대에서 사역을 하는 한 선교사를 만났습니다. 그는 자기가 네비게이토 창립자인 도슨 트로트맨을 만났다면서 이렇게 말했습니다. "나는 도슨 트로트맨을 결코 잊지 못할 겁니다. 그보다 뛰어난 사람을 지금까지 만나 본 적이 없어요." 도슨은 우리 모두의 영웅이었기에 도슨이 해 준 말 중에 가장 인상 깊었던 말이 있으면 해 달라고 했습니다.

그랬더니 그가 대답했습니다. "그런데요, 그분이 하신 말씀은 하나도 기억이 안 납니다. 하지만 그 일은 결코 잊지 못할 거예요. 진흙이 잔뜩 묻은 내 구두를 반짝반짝 광나게 닦아 주셨거든요."

도슨 트로트맨은 섬기는 사람이었습니다. 그는 사람들을 위하여 뭔가를 하기를 아주 좋아했습니다. 늘 사람들에게서 작은 필요라도 발견하면 그 필요를 채워 주는 것을 삶의 목표로 삼았고, 거기서 즐거움을 찾았습니다.

누가복음 22:14-30에 보면 예수님께서 제자들과 함께 식사하시는 중이었습니다. 그때 제자들 사이에 자기들 중 누가 제일 크냐 하는 문제로 또 다툼이 났습니다(24절). 저마다 으뜸이 되고, 권세를 쥐고, 사람들 위에 군림하는 사람이 되기를 원했습니다. 그들에게는 야심이 있었습니다.

예수님께서는 그들에게 물으셨습니다. "앉아서 먹는 자가 크냐? 섬기는 자가 크냐?"(27절). 식탁에 앉아서 먹는 자와 서서 시중들며 섬기는 자 중에 누가 크냐고 물으신 것입니다. 그러고는 그 질문에 이렇게 답하셨습니다. "그러나 나는 섬기는 자로 너희 중에 있노라." 예수님께서는 그들 중에 섬기는 자로 계셨습니다. 따라서 가장 큰 자는 가장 작은 자가 되어야 합니다. 다스리는 자는 섬기는 자가 되어야 합니다. 이것이 그들 중에 계신 예수님의 본이었습니다. 예수님께서는 사람들이 천하게 여기는 일 속에서 자기 사람들을 섬긴 지도자이셨습니다. 제자들 또한 여러 가지 모양으로 예수님을 섬겼습니다. 그러나 비범한 점은 예수님께서 주님으로서 그들을 섬겼다는 사실입니다.

예수님께서는 이방인 지도자들과 같지 않으셨습니다. 그들은 자기 사람들 위에 군림하며 권세를 부립니다. "이방인의 임금들은 저희를 주관하며 그 집권자들은 은인이라 칭함을 받으나"(25절). 예수님께서는 자신을 은인이라 부르지 않았습니다. 자신에 대하여 우월감을 갖지도 않았습니다. 그 대신 투명하게 자기의 시험과 시련을 그들과 나누었습니다. 그 결과 그들은 예수님과 동일시할 수 있었습니다. 예수님께서는 진실로 그들 '중에' 계시면서 섬기셨습니다!

2. 이끄는 종

예수님께서는 종이셨지만 큰 권위와 권세로 사람들을 이끄셨습니다. 놀라운 영향력을 가지고 계셨습니다.

마가복음 1:16-20에서 예수님께서 "나를 따라오너라" 하고 사람들을 부르시는 모습을 보면 아주 단호하십니다. 강한 확신이 느껴집니다. 그 일이 얼마나 긴급하고 중요한가를 확실하게 느낄 수 있습니다. 그들 역시 단호한 결단이 필요했습니다. 그 결단은 전적인 헌신과 평생 지속되는 헌신이었습니다. 예수님의 제자로 따르기 위해서는 가족, 직업, 물질적 안정 등을 단호하게 버려야 했습니다. 예수님의 부르심에 그들은 어떻게 응답했습니까? 예수님을 위하여, 그리고 사람 낚는 일을 위하여 모든 것을 버리고 전심으로 예수님을 따르기로 즉각 응답하였습니다. 이처럼 예수님의 말씀에는 권위와 영향력이 있었습니다.

예수님께서는 하나님의 말씀을 가르치실 때에도 권세가 있으셨습니다. “예수께서 곧 안식일에 회당에 들어가 가르치시매 뭇사람이 그의 교훈에 놀라니 이는 그 가르치시는 것이 권세 있는 자와 같고 서기관들과 같지 아니함일러라”(마가복음 1:21-22). 예수님의 권세는 말씀하시는 방법에 있지 않고, 전하시는 메시지에 있었습니다. 그것은 내용에 있어서나 통찰력에 있어서 전혀 새로웠습니다. 그 진리는 듣는 이들의 양심을 강하게 울렸습니다. 사람들은 그 메시지를 듣고 너무나 놀랐습니다. 죽은 메시지가 아니라 살아 있었습니다. 그 메시지를 전하는 사람의 삶과 메시지가 하나였습니다. 그들은 예수님에게서 살아 있는 진리를 보았습니다. 그래서 그 메시지는 너무도 권위가 있었습니다. 이 권위는 사람들의 마음에 깊은 영향을 주었습니다. 그 결과 메시지는 그들의 양심에 증거하였고 그들의 뜻을 돌이켜 진리로 향하게 했습니다.

예수님께서는 귀신들 즉 어둠의 세력들에 대해서도 권세를 가지고 계셨습니다. 어둠의 세력들은 언제나 그리스도의 절대적 권세 아래 있었습니다. 예수님께서는 그들에게 명령하실 수 있었고, 그들은 그 명령에 복종해야 했습니다. 귀신들은 예수님의 명령이 자기들 뜻과 달라도 따르지 않을 수 없었습니다. 이처럼 예수님께서는 귀신들을 다스리는 권세를 가지고 계셨습니다. 예수님께서는 사람들에게는 그렇게 하지 않으십니다. 예수님께서는 사람들을 가르치시고, 권면하시고, 경고하시면서도, 항상 그들의 자유 의지를 행사하도록 허락

하십니다. 사람들을 귀신들처럼 대하거나 귀신들을 사람들처럼 대우하지 마십시오.

그리스도의 나라에서 리더십 유형은 오직 한 종류밖에 없습니다. 곧 종으로 섬기는 리더십입니다.

묵상 및 토의 질문

1. 종으로서의 지도자가 되기 위한 필수 요소 중에서 여러분의 리더십을 효과적으로 발휘하기 위해 어떤 것을 계발해야 합니까? 이 영역에서 자신을 계발할 계획을 세운 다음 다른 사람과 나누어 보십시오.

2. '리더십의 자격'에 대해 의견을 나누어 보십시오. 팀 멤버 중 가까운 두 사람과 나누십시오. (기혼자라면 배우자와 나누는 것도 좋습니다.) 그들이 여러분에게서 관찰한 강점 중 두 가지와 약점 중 하나를 구체적으로 말해 달라고 청하십시오. 여러분의 강점을 어떻게 극대화할 수 있는지 그들의

제안을 얻으십시오. 또 여러분의 약점을 어떻게 극복할 수 있는지도 얻으십시오. 이 제안을 가지고 가서 여러분의 지도자와 이야기해 보십시오.

3. 종으로서의 리더십 스타일 중 어떤 면이 오늘날 가장 필요하다고 생각합니까? 그 이유를 설명해 보십시오. 이 면에서 어떻게 개선할 수 있는지 여러분의 제안을 적어 보십시오.

3

목자로서의 리더십

앞장에서 종으로서의 리더십에 대하여 살펴보았습니다. 이는 하나님 나라의 백성이라면 누구나 갖추어야 할 보편적인 리더십입니다. 종으로서의 리더십의 초점은 하나님의 뜻에 순종하여 하나님과 사람들의 종이 되어 섬기는 데에 있습니다. 바로 여기에서 목자로서의 리더십이 나옵니다. 종으로서의 리더십이 '하나님'을 섬기는 데 강조점이 있다면, 목자로서의 리더십은 하나님의 '양 무리'를 돌보는 데 강조점이 있습니다.

목자로서의 리더십 또한 하나님 나라에서 보편적인 리더십입니다. 구약성경을 보면, 하나님께서는 지도자들을 세우셨습니다. 제사장, 선지자, 왕이 바로 지도자에 해당되는데, 구체적인 임무는 각기 달랐어도, 자기 백성을 목자처럼 돌볼 책임을 주셨습니다. "나는 그동안 수많은 사사와 영도자들을 내세워 내 백성 이스라엘을 양 떼처럼 돌보게 하였으나…"(사무엘하 7:7, 현대어 성경).

신약성경에서도 영적 지도자들에게는 주님의 양 떼를 돌보는 책임이 주어졌습니다(요한복음 21:1-17, 사도행전 20:17-35). 예수님께서는 사도인 베드로에게 "내 양을 먹이라[치라]"라고 명하셨습니다. 목자처럼 주님의 양 떼를 돌보는 일은 주님께 대한 사랑에서 흘러나와야 합니다. 이것은 목자가 반드시 갖추어야 할 요건입니다. 예수님께서 베드로에게 "네가 나를 사랑하느냐?" 하고 물으셨습니다. 베드로가 그렇다고 대답하자 "내 양을 먹이라"라고 명하셨습니다. 어떤 특정한 목표나 원리가 사람들을 섬기는 원동력이 되어서는 안 됩니다. 그렇게 되면 얼마 안 가서 생명력을 잃고 시들어 버릴 것입니다. 사랑에서 나온 섬김이어야 합니다. 그러한 섬김의 높이와 깊이와 너비에서 우리가 계속 성장하려면 그 사랑의 중심을 주님께 두어야 합니다. 주님께서는 사랑이시며, 그 사랑은 무궁하시기 때문입니다.

양 떼를 돌보는 일은 상황에 따라 형태가 아주 다양합니다. 이 책임은 분명히 모든 크리스천 지도자의 어깨 위에 있습니다. 목자의 책임이 참으로 넓고 다양하리라는 것은 누구나 쉽게 알 수 있습니다. 지도자마다 각기 맡은 일이 다를 수 있습니다. 그러나 하나님 앞에서 자기 책임하에 있는 사람들의 영적, 정서적, 신체적 건강을 돌볼 책임은 똑같습니다. 목자로서의 리더십 개념은 성경적일 뿐 아니라, 그리스도인이라면 누구나 이러한 리더십을 부지런히 계발하여 이 면에서 성장해 가야 합니다.

목자로서의 리더십은 다른 사람들을 영적으로 돌보고 인도할 책임을 가진 사람입니다. 하나님의 양 무리를 살피고, 먹이고, 이끌고, 보호하고, 지켜 주는 것이 그들이 하는 일입니다. 이를 통해 바라는 결과는 무엇입니까? 곧 성장하는 그리스도인입니다. 온전히 무장되어 섬기는 일꾼입니다. 서로 조화를 이루며 교제하는 그리스도인입니다. 한마디로 성숙한 그리스도인들을 배가하는 것입니다.

사람을 이끄는 원동력

목자로서의 리더십은 '과업' 중심이 아니라 '사람' 중심입니다. 사람과 더불어 시작하고 사람을 통하여 일하며 그 결과 다른 사람에게로 나아갑니다. 이 일은 '개인적인 관계'라는 친밀한 환경 속에서 이루어집니다. 즉 그리스도 안에서 사랑과 연합과 진리가 충만한 관계입니다.

목자로서 사람들을 돌보는 일은 어떤 과업을 이루기 위하여 사람들을 지휘 감독하는 일과는 다릅니다. 전자는 유기체처럼 기능하는 반면, 후자는 조직체처럼 기능합니다. 전자는 사람들을 직접적으로 섬기는 반면, 후자는 사람들을 어떤 시스템이나 조직의 일부로서 관리합니다. 전자는 인격적인 반면, 후자는 비인격적이 되기 쉬운데 이는 사람을 돌보기보다는 과업을 수행하는 데 더 초점이 가 있기 때문입니다.

나는 론 쎄니 선교사(역자 주: 당시 국제 네비게이토 선교회 회장)를 가까이서 볼 기회가 많았습니다. 선교지 사람들을 방문하러 갈 때 보면 그는 항상 따뜻하고 사랑이 많은 목자입니다. 선교회 본부에 있을 때에도 지혜롭고 충성된 청지기요 관리자였습니다.

바울은 성도들과 친밀한 개인적 관계를 형성하였습니다. 이는 목자로서의 리더십에 꼭 필요한 것이었습니다. "이전에 말하였거니와 너희로 우리 마음에 있어 함께 죽고 함께 살게 하고자 함이라"(고린도후서 7:3).

그리고 이는 일방적인 게 아니었습니다. 사도행전 20:17-38에 보면 바울이 에베소 교회 장로들과 이별하는 장면이 나옵니다. "이 말을 한 후 무릎을 꿇고 저희 모든 사람과 함께 기도하니 다 크게 울며 바울의 목을 안고 입을 맞추고 다시 그 얼굴을 보지 못하리라 한 말을 인하여 더욱 근심하고 배에까지 그를 전송하니라"(36-38절). 이별을 앞두고 이제는 못 만날 수도 있기에 크게 울었습니다.

이처럼 친밀한 인간관계의 끈을 견고하게 하는 원동력은 무엇일까요? 앞에서 말한 사도행전 20:17-38을 읽으면서 사도 바울이 에베소에서 목자로서 자신이 한 역할을 다시 상기하는 내용을 살펴봅시다.

바울의 본

비언어적 의사소통은 사람들의 삶에 아주 강력한 영향을 미칩니다. 아무 말 안 해도 사람들은 우리가 어떤 사람이며 무엇을 하는 사람인지를 잘 알아차립니다. 평소 우리가 보여 주는 삶과 행실이 우리가 하는 말보다 상대방에게 미치는 영향력이 훨씬 더 강력합니다.

"아시아에 들어온 첫날부터 지금까지 내가 항상 너희 가운데서 어떻게 행한 것을 너희도 아는 바니… 범사에 너희에게 모본을 보였노니"(사도행전 20:18,35). 이 말씀은 바울의 리더십의 원동력인 '본을 보이는 삶'을 잘 말해 줍니다. 이는 바울의 리더십에서 어디서나 일관된 것이었습니다. 바울은 디모데에게 이렇게 편지했습니다. "나의 교훈과 행실…을 네가 과연 보고 알았거니와"(디모데후서 3:10-11). 빌립보 교회에는 이렇게 권면했습니다. "너희는 내게 배우고 받고 듣고 본 바를 행하라"(빌립보서 4:9). 본은 말보다 이해하고 따르기가 더 쉽고, 가르침을 더욱 강화해 줍니다. 바울은 이 사실을 알았기에 삶의 여러 영역에서 본을 보여 주었습니다.

그러면 바울이 섬김, 헌신, 사역, 단순한 삶과 후히 드리는 삶에서 어떻게 본을 보여 주었는지 하나씩 살펴보도록 하겠습니다.

1. 섬김의 본

목자는 섬기는 종입니다. 그는 목자장과 양을 둘 다 섬깁니다. 말할 것도 없이 바울의 목자장은 주 예수 그리스도이십니다. 바울이 전하는 메시지도 주 예수 그리스도입니다. 바울은 그리스도의 종이 되었습니다. 그리고 그리스도를 위하여 사람들의 종이 되었습니다(고린도후서 4:5). 사람들의 종이 되려면 그들과 동일시해야 합니다. 그들의 상황과 여건이나 문화에 공감하고 같은 입장에 서는 것입니다. 그래서 바울은 유대인에게는 유대인같이 되었고, 이방인에게는 이방인같이 되었습니다. 아무쪼록 몇몇 사람이라도 구원하고자 함이었습니다(고린도전서 9:19-22).

종에게 필요한 최우선적인 자질은 겸손입니다. 겸손은 기본적으로 마음에서 시작됩니다. 즉, 우리가 우리 자신과 다른 사람과 하나님을 어떻게 생각하는가 하는 것입니다. 바울은 자신을 종으로 보았습니다. 그러기에 경쟁할 사람이 아무도 없었습니다. 우월감을 느낄 사람도 없었습니다. 그는 다만 겸손하게 섬길 뿐이었습니다. 이러한 종은 다른 사람들에 대해 마음이 늘 열려 있고 잘 받아들입니다!

종이 갖추어야 할 아름다운 덕목을 또 하나 든다면 긍휼히 여기는 마음입니다. 바울은 "모든 겸손과 눈물"로 섬겼습니다(사도행전 20:19). 그는 사람들 속에 그리스도의 형상이 이루어지기까지 다시 해산하는 수고를 하였습니다(갈라디아서 4:19). 한 사람이 겸손과 긍휼 가운데 다른 사람을 섬길 때 얼마나 큰 능력이 발휘되는지 모릅니다! 겸손과 긍휼의 눈물로 섬기는 것보다 다른 사람의 삶에 더 영향을 줄 만한 것은 없습니다.

내가 처음 글렌에리(네비게이토 선교회 국제 본부)로 발령이 났을 때의 일입니다. 그곳에는 선교 훈련을 받기 위해 온 사람들이 많이 있었습니다. 그중에 에너지가 넘치고 재능이 많은 한 형제가 있었습니다. 그는 인쇄 부서에서 일을 하였습니다. 도슨은 그가 하는 일을 관찰하더니 여러 번 그를 책망했습니다. 마지막에 한 책망은 아주 날카롭고 엄했습니다. 이 젊

은이는 매우 낙심하고 글렌에리를 떠나기로 마음먹었습니다. 가방을 꾸리기 전에 이를 알리려고 도슨을 찾아갔더니 도슨은 없고 도슨의 아내인 라일라 자매만 있었습니다. 그래서 라일라 자매에게 그 사실을 알렸습니다. 그러자 라일라 자매가 말해 주기를, 그가 떠나는 것은 자유지만, 도슨이 그를 책망한 후에 자기 방에 들어가서 몇 시간이나 그를 위해 울며 기도했노라고 일러 주었습니다. 그는 이 말을 듣고 마음을 돌이켜 열심히 훈련을 받았고, 오늘날 전임 사역자로 주님을 충성스럽게 섬기고 있습니다.

종의 삶은 쉽고 편한 삶이 아닙니다. 많은 시련을 거치면서 인내하는 것을 배워야 합니다. 바울은 과거의 박해뿐 아니라 장래에 관해서도 인내의 본을 보여 줍니다. 성령께서 그가 맞게 될 결박과 환난에 대하여 경고하셨을 때 이렇게 말했습니다. "보라. 이제 나는 심령에 매임을 받아 예루살렘으로 가는데 저기서 무슨 일을 만날는지 알지 못하노라. 오직 성령이 각 성에서 내게 증거하여 결박과 환난이 나를 기다린다 하시나"(사도행전 20:22-23). 다른 번역본으로도 읽어 봅시다. "이제 나는 거역할 수 없는 성령의 강한 힘에 이끌려 예루살렘으로 갑니다. 거기서 무슨 일이 나를 기다리고 있는지는 잘 모릅니다. 다만 한 가지 내가 아는 것은 내가 가는 도시마다 투옥과 고난이 기다리고 있다는 것을 성령께서 알려 주신다는 사실입니다"(현대어 성경). 장차 있을 일을 듣고는 겁을 먹고 자신이 할 일을 접지 않았습니다. 편안한 삶을 사랑하여 그의 달려갈 길에서 떠나지 않았습니다. 바울의 뜻은 강철같이 굳셌습니다. 그는 '나는 심령에 매임을 받았다'고 했습니다. 이는 거역할 수 없는 성령의 강한 힘과 인도에 이끌렸다는 뜻입니다. 예수님께서 그에게 하라고 주신 일을 끝까지 마치기로 굳게 결단하였습니다. 미지의 것에 대한 두려움은 알려진 것보다 항상 더 큰 법입니다. 바울은 장차 언제 어디서 어떤 핍박이 일어날지를 모르는 상태에서 선교 여행을 해야 했습니다. 단지 아는 것은 반드시 고난이 있을 것이라는 사실이었습니다. 인내하기 위해서는 용기와 견딤이 필요합니다. 여러분도 역시 선교를 위해 앞으로 나아갈 때 "심령에 매임을 받았다"라는 확신을 갖도록 하십시오.

2. 전적인 헌신의 본

"나의 달려갈 길과 주 예수께 받은 사명 곧 하나님의 은혜의 복음 증거하는 일을 마치려 함에는 나의 생명을 조금도 귀한 것으로 여기지 아니하노라"(사도행전 20:24). 바울은 예루살렘에 가서 핍박을 받게 될 것입니다. 고난과 투옥이 있을 것입니다. 결박과 환난이 그를 기다리고 있었습니다. 그럼에도 불구하고 예루살렘을 향하여 걸음을 재촉했고 아무것도 그를 멈출 수 없었습니다. 바울이 이렇게 할 수 있었던 이유는 그 앞에 놓인 달려갈 길, 곧 주님께 받은 사명을 마치는 것과 비교해서는 자기 생명을 조금도 귀한 것으로 여기지 않았기 때문입니다.

마틴 루터 킹은 말하기를, 자신의 사명을 위하여 죽기로 작정하고 전적으로 헌신하고 나니 전적으로 자유롭게 그것을 위하여 살게 되었노라고 했습니다.

바울 앞에 있는 사명은 하나님의 은혜의 복음을 이방인 세계에 증거하는 것이었습니다. 이 사명은 하나님으로부터 온 것이었기에, 계속해서 그를 앞으로 나아가게 하는 내적 힘이 되었습니다. “또 내가 그리스도의 이름을 부르는 곳에는 복음을 전하지 않기로 힘썼노니”(로마서 15:20). 바울의 끊임없는 열망은 전에 그리스도의 이름이 알려져 있지 않은 곳에 복음을 전하는 것이었습니다.

바울은 자신의 역량보다 더 큰 사명을 맡았습니다. 한 사람의 일생으로는 다 이룰 수 없는 엄청난 일이었습니다. 하지만 그 사명 자체보다 더 가치 있는 것은 그 일을 주신 분, 곧 예수 그리스도였습니다. 그는 주님께서 자신에게 주신 사명을 끝까지 마치는 일에 전적으로 헌신하였습니다.

따라서 바울은 복음의 진보를 위해 자신의 모든 역량과 주위의 모든 여건을 최대한 활용하였습니다. 끊임없이 뻗어 나

가는 삶을 살았습니다. 최선을 다하여 수고하면서도, 항상 하나님의 은혜를 믿고 의지하였습니다. 하나님의 은혜는 생수가 샘솟는 깊은 우물과 같았습니다. 그는 거기서 자신의 사역(에베소서 3:7-8, 4:7)과 자신의 메시지(사도행전 20:24)를 길어 올렸습니다. 처음 시작부터 선교 사역을 하는 내내, 자기의 주님이신 예수 그리스도를 힘입어 하나님의 은혜의 바다에서 떠다니고 헤엄치고 항해하곤 했습니다.

바울의 간증을 들어 봅시다. "나는 사도 중에 지극히 작은 자라. 내가 하나님의 교회를 핍박하였으므로 사도라 칭함을 받기에 감당치 못할 자로라. 그러나 나의 나 된 것은 하나님의 은혜로 된 것이니, 내게 주신 그의 은혜가 헛되지 아니하여 내가 모든 사도보다 더 많이 수고하였으나 내가 아니요 오직 나와 함께하신 하나님의 은혜로라"(고린도전서 15:9-10).

바울은 하나님의 은혜는 그리스도께서 자신에게 주신 사명을 끝마치고 완성하는 데 필요한 모든 것을 공급해 주실 수 있다는 확신을 가지고 살았습니다. 자신이 헌신하지 못하여 그 은혜가 헛되게 되는 일이 없도록 더 많이 수고하였습니다.

한번은 한 자매의 생일을 축하하는 저녁 식사 자리였습니다. 그 자매는 빌리 그래함의 딸이었고, 그 자리에는 그 딸 부부, 빌리 그래함 부부, 우리 부부 이렇게 여섯 명이 있었습니다. 그 당시 빌리 그래함은 런던에서 전도 집회를 하고 있었고 집회를 마치고 모였기에 모인 시간이 밤 10시 반쯤 되었습니다. 11시 30분에 빌리 그래함이 먼저 일어나야 되겠다고 조심스럽게 양해를 구했습니다. 다음날 전도 집회에서 전할 메시지를 준비하는 데 가장 좋은 시간이 자정 12시부터 새벽 2시까지라면서!

만일 어떤 사람이 하나님의 부르심과 사람들의 구원에 전적으로 헌신되어 있어 하나님의 은혜를 따라 행하며, 맡은 사명을 완수하기 위해 기꺼이 고난을 받고 죽을 준비가 되어 있다면, 사람들은 그에게 자석처럼 끌릴 것입니다. 뿐만 아니라 어디에서나 그를 따를 것이며, 그 '달려갈 길'을 마치기 위해서라면 함께 고난을 당하고 죽기까지라도 할 것입니다.

유럽에서 첫 임기 때의 일입니다. 우리 선교사 중 한 분이 내게 말하기를, "덕, 당신은 현재 유럽에서 진행 중인 선교 사역을 이루기 위해 기꺼이 죽기라도 할 사람처럼 보입니다"라고 했습니다. 나는 그렇다고 대답했습니다. 나의 생명을 드릴 만한 것 중에 이보다 더 좋은 게 어디 있겠습니까? 그런데 내가 그 사람이 하려던 말의 진정한 의도를 깨달은 것은 아내가 세상을 떠난 지 12년 후였습니다. 나는 사역을 위해서는 기꺼이 죽을 준비가 되어 있었지만, 그 사역을 주신 주님을 위해서는 기꺼이 죽을 준비가 되어 있지 않았던 것입니다. 예수님께서는 어떤 명분이나 이념을 위해서 죽으신 게 결코 아니었습니다. 예수님께서는 사람들을 위하여 죽으셨습니다.

3. 기본적인 사역의 본

◆ 잃어버린 자들에게 복음을 전함

바울은 언제 어디서나 잃어버린 자들에게 복음을 전하는 일을 멈추지 않고 계속 힘썼습니다. 흥미로운 사실은, 유대인과 헬라인이 서로 문화와 종교적 유산이 달랐지만, 그럼에도 불구하고 바울이 그들에게 전하는 메시지는 똑같았다는 점입니다. 곧 "하나님께 대한 회개와 우리 주 예수 그리스도께 대한 믿음"이었습니다(사도행전 20:21).

바울은 유대인에게는 유대인이 되고 헬라인에게는 헬라인이 되었지만, 그의 메시지는 계속 순수성을 유지했습니다. 상대방과 동일시하는 것과 복음의 순수성을 유지하는 것, 이 두 가지가 하나로 합쳐질 때에야 그 메시지는 가장 효과적으로 전달됩니다.

바울은 자신의 부르심이 하나님의 은혜의 복음을 증거하는 것임을 잘 알고 있었습니다. 그래서 만나는 사람마다 유대인이든 헬라인이든 모든 사람에게 주도권을 쥐고 복음을 나누는 데 늘 깨어 있었습니다.

◆ 성도들을 세워 줌

바울은 공적으로나 사적으로나 성도들을 세워 주는 일에 힘을 다하여 수고하였습니다. 성도들에게 유익한 것은 무엇이든지 꺼림이 없이 하나도 빼놓지 않고 그들에게 전하고 가르쳤습니다. 자신이 거저 받았기에 거저 주었습니다. 하나님의 뜻을 다 그들에게 전하였습니다(사도행전 20:20,27 참조).

바울은 가르치는 것만 기꺼이 한 게 아니었습니다. 사람들에게 자기 자신을 기꺼이 내어 주었습니다. 하나님께서는 자기 아들을 아끼지 아니하시고 우리 모든 사람을 위하여 내어 주셨고, 그리스도께서는 우리를 위하여 자기 목숨을 내어 주셨습니다. 그래서 바울도 사람들을 위하여 기꺼이 자신을 내어 주는 삶을 살았던 것입니다. 이처럼 하나님의 말씀을 부지런히 가르치고 자기 자신을 온전히 내어 주는 그런 분위기 속에 있을 때, 사람들은 영적으로 가장 잘 성장합니다.

"우리가 이같이 너희를 사모하여 하나님의 복음으로만 아니라 우리 목숨까지 너희에게 주기를 즐겨함은 너희가 우리의 사랑하는 자 됨이니라"(데살로니가전서 2:8).

우리가 평생 힘써야 할 기본적인 사역은 잃어버린 자들에게 복음을 전하는 전도와 구원받은 자를 견고하게 세워 주는 확립입니다.

"사역의 목표는 죄인들을 돌아오게 하고 그리스도의 몸을 세우는 것입니다. 충성된 사역자라면 아무도 이 일을 하지 않고는 편히 쉴 수가 없습니다. 박수갈채, 명성, 인기, 존경, 부, 이 모든 것은 헛됩니다. 영혼을 구원하는 일이 없고, 성도를 성숙하게 세워 주는 일이 없다면 우리 사역은 그 자체가 헛됩니다."

- 호레이셔스 보나(1808-1889)

◆ 성령의 인도를 받음

기본적인 사역인 전도와 확립은 성령의 인도를 받고 성령의 능력을 힘입을 때라야 효력이 있습니다. 사도행전 20:22-23에서 바울은 '나는 심령에 매임을 받았다'고 했습니다. '심령에 매임을 받아'란 말은 '성령에 매여'라고 해석할 수도 있습니다. 이 말은 바울이 앞으로 당할 고난을 확실하게 예견하고 있지만, 성령의 지시로 가지 않을 수 없다는 마음 상태를 표현한 것입니다. 바울은 성령의 지시와 음성에 민감하였고, 거기에 순종하는 종이었습니다. 그가 선교 사역을 시작하기 전에 그에게 지시하신 분도 성령이셨습니다. "주를 섬겨 금식할 때에 성령이 가라사대 '내가 불러 시키는 일을 위하여 바나바와 사울을 따로 세우라' 하시니"(사도행전 13:2). 그다음에 "성령의 보내심을 받아" 길을 떠났습니다(사도행전 13:4).

그들은 성령의 지시와 인도만 받은 것이 아니라 성령의 능력도 받았습니다. 바울은 고린도후서 3:5-6에서 이 사실을 증거했습니다. "우리가 무슨 일이든지 우리에게서 난 것같이 생각하여 스스로 만족할 것이 아니니 우리의 만족은 오직 하나님께로서 났느니라. 저가 또 우리로 새 언약의 일꾼 되기에 만족케 하셨으니 의문으로 하지 아니하고 오직 영으로 함이니 의문은 죽이는 것이요 영은 살리는 것임이니라."

바울의 사역에서 일관되게 보이는 모습은 그가 성령의 지시와 인도를 받았을 뿐 아니라 성령의 능력을 받았다는 사실입니다. 사람들은 하나님께서 어떤 사람을 인도하고 계심을 알 때 그 사람을 따를 것입니다. 그리고 하나님께서 어떤 사람을 통하여 일하고 계심을 알 때, 함께 복을 누리기 위하여 그에게 나아옵니다. 사람들을 끄는 힘은 일차적으로 그 사람이 아니라 하나님의 성령이십니다.

우리가 평생 힘써야 할 기본적인 사역은, 잃어버린 사람들에게 복음을 전하고, 구원받은 사람들을 성령의 인도와 역사 가운데 굳게 세워 주는 것입니다. 이것이 바울이 본으로 보여 준 사역입니다. 그 결과 그는 '깨끗한 양심'을 갖게 되었습니다. 어째서 그럴까요? 잃어버린 사람에게 가장 큰 필요는 그들이 구원받는 것입니다. 구원받은 사람에게 가장 큰 필요는 그들이 성장하는 것입니다. 성령 안에서 이 일을 함으로써 그는 자신의 사역과 연관하여 거리낌이 없는 양심을 갖게 되었습니다.

아마도 사역에서 가장 큰 자산 중 하나는 깨끗한 양심이며, 가장 큰 부채는 죄 된 양심일 것입니다. 죄 된 양심은 마음을 혼란스럽게 하고, 영의 힘을 빼 놓으며, 믿음보다 두려움이 그 자리를 차지하게 합니다. 바울이 안 사실은, 그의 양심이 깨끗하면 그의 마음은 능력을 최대로 발휘하게 되고, 그의 영은 자유로이 섬기게 되며, 사탄의 그 어떤 공격도 그를 패배시킬 수 없다는 것입니다. 그의 믿음이 부요해진 이유는 자신을 사랑하신 그리스도로 말미암아 승리자가 되었기 때문입니다.

사도행전 20장을 보면, 바울은 깨끗한 양심을 가지고 있었습니다. 사람들에게 유익한 것은 무엇이든지 꺼림이 없이 전하고 가르쳐 주었습니다. 그는 잃어버린 자들에게 복음을 전파하였고, 하나님의 뜻을 다 그들에게 전하여 구원받게 하였습니다. 성령 안에서 행하였습니다. 모든 관계에서 거룩함과 진실함으로 행하였습니다. 자기 양심이 이것을 증거한다고 했습니다. “우리가 이 세상에서 특별히 여러분과의 관계에서 하나님이 주신 거룩하고 진실한 마음으로 살아온 것을 우리 양심이 증거하고 있으니 바로 이것이 우리의 자랑입니다. 더구나 우리는 사람의 지혜로 하지 않고 하나님의 은혜로 그렇게 했습니다”(고린도후서 1:12, 현대인의 성경).

깨끗한 양심에는 참으로 놀라운 힘이 있습니다. 하나님과 사람에 대하여 선한 양심을 가지고 있고, 그 결과 기쁨과 평안을 누리는 사람과 함께 있다는 것은 얼마나 신선한 감동을 주는지 모릅니다. 이런 유형의 지도자에게 사람들은 적극적으로 반응하고 호응합니다. 사람들은 그런 지도자를 크게 존경하고 신뢰하게 됩니다. 이런 때에 지도자는 또한 하나님께 대하여 크고 한없는 확신을 갖게 됩니다. 그는 하나님의 손에 들려 있는 강력한 무기가 됩니다.

> 그래서 저는 항상 하나님과 사람들 앞에서 저의 양심을 깨끗하게 유지하려고 힘씁니다. (사도행전 24:16, NIV)

4. 단순한 삶과 후히 드리는 삶의 본

사도행전 20:33-35에서 보듯이, 사도 바울은 재물을 탐하지 않았습니다. 재물로 인해 마음이 분산되지 않았습니다. 그렇다고 부자를 정죄하거나 시기하지도 않았습니다. 행복과 만족이 육체적 물질적 상황에 따라 좌우되지 않았습니다. 풍부할 때든 궁핍할 때든 늘 만족하였습니다(빌립보서 4:11-12). 디모데에게 쓴 편지에서 먹을 것과 입을 것만 있다면 만족할 줄 알아야 한다고 가르쳤습니다(디모데전서 6:8).

바울은 사역의 필요를 채우기 위해 물질적 지원을 받을 권리가 있었지만 대체적으로 그런 방식을 선택하지 않았습니다. 지침은 아주 단순했습니다. "무엇이 복음의 진보에 가장 유익한가?"였습니다(고린도전서 9:6-12). 복음을 전혀 들어 보지 못한 지역에서 복음을 전파하는 개척 선교사로서, 바울은 자기와 자기 팀이 물질적 대가를 구한다거나 다른 숨은 동기가 있지 않다는 사실을 나타내 보여 주고 싶었습니다. 그래서 직접 텐트 만드는 일을 해서 자신뿐 아니라 자기 팀의 생활비를 충당했습니다.

그뿐만 아니라 바울은 더 열심히 수고했습니다. 왜 그랬을까요? 약하고 가난한 사람들에게 물질적 지원을 하기 위해서였습니다. 그는 자기보다 어려운 형편에 있는 자들을 물질적으로 도우려는 동기에서 밤낮으로 힘써 수고하는 본을 보여 주었습니다.

바울의 삶은 자신을 위해 보물을 쌓는 부자들에게는 일종의 도전과 책망이었습니다. 바울은 가난한 자들에게 줌으로써 하늘에 보물을 쌓았고, 교회와 모든 세대에 본을 보여 주었습니다. 열심히 일해서 가난하고 어려운 처지에 있는 사람들의 필요를 채워 주라는 것입니다.

그는 자기의 모본을 뒷받침하기 위해서 주 예수 그리스도께서 하신 말씀을 상기시켜 주었습니다. "범사에 너희에게 모본을 보였노니 곧 이같이 수고하여 약한 사람들을 돕고 또 주 예수의 친히 말씀하신 바 '주는 것이 받는 것보다 복이 있다'

하심을 기억하여야 할지니라"(사도행전 20:35).

진정한 목자는, 어린 자녀를 돌보는 부모처럼, 양들의 모든 필요를 채우는 데 온통 관심이 쏠려 있습니다. 바울은 모든 면에서 진정한 목자였습니다.

성도를 온전케 함

목자로서의 리더십의 직무는 성도들을 온전케 하여 봉사의 일을 하게 하는 것입니다(에베소서 4:11-12). 온전케 한다는 것은 무장시킨다는 뜻입니다. 이 무장을 통해 한 신자는 친구를 그리스도께로 인도할 수 있게 됩니다. 그리하여 새 신자 한 명이 재생산됩니다. 한 제자가 또 다른 그리스도인을 굳게 세워 확립시켜 줄 때 또 한 명의 제자가 재생산됩니다. 한 지도자가 또 다른 사람을 온전케 하여 목자가 되도록 무장시켜 줄 때 또 다른 지도자가 재생산됩니다. 이렇게 하여 배가하는 사역 전체가 재생산됩니다!

바울은 목자를 무장시키는 것 속에 잠재된 배가의 위력을 알고 있었습니다. 사도행전 20:17-35에서 그는 에베소 교회의 장로들에게 말합니다. 그들은 에베소에 있는 하나님의 양 떼를 돌보는 목자들이었습니다. 그는 지나온 시간을 회고하면서, 자기가 어떻게 그들을 목자로서의 리더십으로 무장시켰는지를 말해 주었습니다.

1. 가르침과 권면

먼저 그들을 가르쳤습니다. 유익한 것은 무엇이든 가르쳤습니다. 하나님의 뜻을 다 가르쳤습니다(사도행전 20:20,27). 복음의 모든 진리를 가르쳤고, 그들 앞에서 그 진리대로 살았습니다.

가르치는 것 외에도 여러 가지를 권면해 주었습니다. "그러므로 너희가 일깨어 내가 삼 년이나 밤낮 쉬지 않고 눈물로 각 사람을 훈계하던 것을 기억하라"(사도행전 20:31). 그들이 맞게 될 위험을 분명하게 자세히 경고해 주었습니다. 또한 주님을 따르는 데 필요한 구체적인 조치를 취하도록 권고하며 도전했습니다. 그들이 주님의 길에서 벗어날 때에는 훈계하고 책망했습니다. 그리고 그들을 이끌어 예수 그리스도와 친밀하게 동행하며 순종하는 삶으로 되돌아가도록 바로잡아 주었습니다.

리더십을 계발할 때 상대방과의 관계가 위태롭게 될 때가 옵니다. 이는 그 사람의 삶이나 사역에 어떤 필요가 생겼을 때 일어납니다. 그 필요가 아주 중요해서 바로잡지 않으면 그가 실패할 수도 있는 그런 경우입니다. 언젠가 한 사람을 바로잡아 주려고 했습니다. 그의 리더십 스타일이 독단적이라는 생각이 들었기 때문입니다. 하지만 그는 거부했습니다. 나의 권면에 대해 그건 나의 리더십 스타일일 뿐이라 여긴 듯합니다. 그 후 몇 달이 안 되어 그는 깨닫게 되었습니다. 그와 함께 사역을 하는 이들이 자신의 독단적 리더십 스타일을 거부한다는 사실이었습니다.

바울은 사도행전 20:28에서 이렇게 경고합니다. "너희는 자기를 위하여 또는 온 양 떼를 위하여 삼가라. 성령이 저들 가운데 너희로 감독자를 삼고 하나님이 자기 피로 사신 교회를 치게 하셨느니라." 먼저 '자기를 위하여 삼가라'고 했습니다. '삼가라'는 말은 '주의를 집중하라, 전력하라, 관심을 가져라, 조심하라, 잘 살피라, 잘 돌보라'는 뜻인데, 이를 위해 계속적으로 부지런하고 깨어 있어야 함을 강조합니다. 지도자는 다른 사람들의 삶을 돌보기 전에 먼저 자신의 영적 삶을 돌볼 줄 알아야 합니다. 많은 목자들이 여기에서 실패했습니다. 또는 따르기는 하되 최우선순위에 두지 않았습니다. 그래서 양 떼를 치는 일에서 별로 효과를 거두지 못했습니다. 목자의 책무는 양 떼를 먹이고 본으로써 이끄는 것입니다(베드로전서 5:3). 목자 자신이 말씀을 먹고 있지 않다면 어떻게 양 떼를 먹이고 살지게 할 수 있겠습니까? 목자가 기도의 사람이 아니라면 어떻게 양 떼의 필요를 때에 맞게 풍성히 채울 수 있겠습니까? 목자 자신이 하나님과 친밀하게 동행하고 있지 않다면 어떻게 양 떼가 주님을 가까이 따르도록 이끌 수 있겠습니까? 목자가 하나님의 뜻을 잘 모른다면 어떻게 다른 사람들에게 하나님의 뜻을 올바로 전할 수 있겠습니까?

바울은 목자 된 지도자들에게 먼저 '자기를 위하여 삼가라'고 권고한 다음, 이어 '온 양 떼를 위하여 삼가라'고 권고합니다. 자신을 먼저 잘 돌본 다음 다른 사람들을 잘 돌보라는 것입니다. 자신을 잘 돌보는 것은 다른 사람들을 잘 돌보기 위한 준비입니다. 그런데 다른 사람들을 돌보는 데만 지나치게 관심을 갖다 보면, 자칫 자신의 영적 성장과 발전을 소홀히 하게 됩니다. 그 결과 다른 사람들의 성장과 자신의 성장을 둘 다 가로막게 됩니다.

따라서 목자 된 우리가 자신의 성장에 우선순위를 둘 때, 우리는 다른 사람들이 성장하도록 돕는 데 최상의 상태에 있게 됩니다.

한번은 어떤 나라를 방문했는데, 그곳의 여러 간사들이 불평을 했습니다. 그들의 지도자가 그들에게 이렇게 저렇게 행하라고 항상 도전을 하는데, 정작 말씀으로 그들을 먹이고 있지는 않다는 것입니다. 그 지도자와 교제를 하면서 알아보니, 그는 하나님의 말씀을 부지런히 섭취하거나 삶에 적용하고 있지 않았고, 그래서 간사들과 나눌 게 별로 없었습니다. 그 대신 각종 계획과 활동으로 가득 차 있었습니다. 목자로서의 리더십의 첫 번째 책임은 양 떼를 먹이는 일입니다. 그런데 먼저 자신을 먹이지 않는다면 그 일을 할 수 없습니다.

2. 목자로서의 리더십의 본

에베소 장로들은 선한 목자가 되기 위해 따로 교육을 더 받아야 할 필요가 없었습니다. 그들은 단지 성경의 가르침을 철저히 배우고 바울의 본을 따르기만 하면 충분했습니다. 바울은 긍휼이 넘치는 겸손한 종이었습니다. 다른 사람들을 세워 주기 위해 자신을 허비하는 사람이었고, 잃어버린 자들에게 신실한 증인이었습니다. 성령의 인도와 능력을 받는 삶을 살았습니다. 단순한 삶과 후히 드리는 삶을 살았고, 깨끗한 양심으로 섬기는 삶을 살았습니다. 이 모든 면에서 바울은 본을 보여 주었습니다.

그렇지만 목자들을 무장시켜 온전케 하는 일에는 끝이 없습니다. 지도자는 온전한 수준에 이르기 위해 늘 배우고 훈련하고 성장하는 과정에 있습니다. 결코 과거의 경험이나 과거의 은혜에만 의지해서는 안 됩니다. 계속적으로 신선하고 새로운 자원을 공급받아야 합니다. 지난주의 식사가 이번 주를 위한 영양을 대신해 줄 수 없습니다. 어제의 식사가 오늘의 양

식이 될 수 없습니다.

안타까운 비극 중의 하나는 과거 속에 사는 크리스천 지도자를 보는 것입니다. 먼지 쌓인 옛날 경험, 진부한 메시지, 케케묵은 교훈은 모두 따분하고 재미없고 죽어 있습니다. 지도자가 현재의 하나님('the GREAT I AM')이 아니라 과거의 하나님에 대해서만 주로 이야기한다면, 그의 배움 능력은 마비 상태에 이른 셈이고, 결국 그의 성장은 멈추었다고 할 수 있습니다.

바울은 장로들이 자기가 없을 때에도 계속 성장해야 한다는 사실을 잘 알고 있었습니다. 그래서 그들에게 경고하였습니다. "지금은 너희가 다 내 얼굴을 다시 보지 못할 줄 아노라"(사도행전 20:25,38 참조). 그들에게 길을 보여 주고 그들을 온전케 해 줄 바울의 말과 본이 더 이상 거기에 없을 것입니다.

3. 하나님의 자원에 부탁함

바울은 그들을 완전하고 무한한 자원의 원천으로 인도할 필요가 있었습니다. 그 원천은 곧 '주와 및 그 은혜의 말씀'이었습니다. "지금 내가 너희를 주와 및 그 은혜의 말씀께 부탁하노니 그 말씀이 너희를 능히 든든히 세우사 거룩케 하심을 입은 모든 자 가운데 기업이 있게 하시리라"(사도행전 20:32).

여기에서 "부탁하다"라는 말은 '옆에 놓다, 넘겨주다, 위탁하다, 맡기다, 의뢰하다'라는 뜻입니다(디모데후서 2:2, 베드로전서 4:19 참조). 우려가 되는 점은 그들이 보배이신 하나님을 보는 대신 질그릇인 바울을 보는 것이었습니다. 바울은 모든 것의 원천은 오직 주님이심을 잘 알았습니다. "이는 만물이 주에게서 나오고 주로 말미암고 주에게로 돌아감이라. 영광이 그에게 세세에 있으리로다. 아멘"(로마서 11:36).

바울은 그들을 먼저 '주님'께 부탁했습니다. 우리 주 예수 그리스도께서는 육신이 되신 말씀으로 은혜와 진리가 충만하신 분이십니다(요한복음 1:14). 예수 그리스도께서는 하나님의 은혜의 원천이요, 수단이요, 시작과 끝이십니다(고린도후서 8:9). 우리가 지금의 우리가 된 것은 하나님의 은혜로 말미암아 된 것입니다(고린도전서 15:10). 우리가 하는 모든 일은 하나님의 은혜로 말미암아 하는 것입니다(고린도후서 9:8). 우리의 약함 중에서 주님의 은혜와 능력이 온전하여집니다(고린도후서 12:9-10).

바울은 또한 그들을 '주님의 은혜의 말씀'께 부탁했습니다. 은혜의 말씀은 양 떼를 돌볼 때 목자의 가장 중요한 자원입니다. 목자는 하나님의 말씀을 사용하여 양 떼를 돌보아야 합니다. 그 말씀이 그들을 능히 든든히 세우사 거룩하게 하심을 입은 모든 자 가운데 기업이 있게 하실 것이기 때문입니다.

“모든 성경은 하나님의 감동으로 된 것으로 교훈과 책망과 바르게 함과 의로 교육하기에 유익하니, 이는 하나님의 사람으로 온전케 하며 모든 선한 일을 행하기에 온전케 하려 함이니라”(디모데후서 3:16-17). 이 말씀은 바울이 에베소 교회에서 목자로서 섬기는 디모데에게 한 권면의 말씀입니다. 성경 말씀은 하나님의 사람으로 온전케 하며 모든 선한 일을 행하기에 온전케 하는 능력이 있습니다.

내가 타이완에서 사역을 할 때에 도슨은 방문할 때마다 이렇게 말하곤 했습니다. “덕, 여기 중국인들을 말씀 속으로 인도하십시오. 그리고 말씀을 그들 속에 넣어 주십시오. 그러면 나머지는 성령님께서 다 하실 겁니다.”

따라서 우리는 “각양 좋은 은사와 온전한 선물”을 주시는 하나님께로 나아갑니다(야고보서 1:17). 그리고 우리는 주님께서 성경을 통해 우리에게 명하신 모든 일을 행하는 데 필요한 모든 약속된 은혜를 하나님의 아들 예수 그리스도를 통하여 받습니다(베드로후서 1:3-4 참조).

그 결과가 사도행전 20:32에 나타나 있습니다. 우리는 그리스도 안에서 든든히 세워지고, 거룩한 삶과 섬기는 삶을 사는 데 필요한 모든 것을 받습니다. 바울은 에베소 장로들을 그 보물 창고의 주인이신 주님께 맡겼습니다. 그리고 그 창고의 문을 열 수 있는 열쇠를 맡겼습니다. 언제든지 그 문을 열고 들어가 창고에서 온갖 보물을 꺼내올 수 있습니다. 이 이상 무엇이 더 필요하겠습니까?

영원한 사랑과 우정을 계발함

영적 지도자의 성장과 계발은 교실에서 전수되는 지식을 습득하거나 기술을 훈련하는 데 있지 않습니다. 그보다는 따뜻하고 친밀한 인간관계와 사랑의 관심과 보살핌, 마음을 터놓고 삶을 나누는 환경 속에서 이루어집니다.

사도행전 20:36-21:1을 주목하기 바랍니다. 바울과 에베소 장로들은 무릎을 꿇고 함께 기도하였습니다. 에베소 장로들은 크게 울며 바울을 끌어안고 입을 맞추었습니다. 그들은 '다시 그 얼굴을 보지 못하리라'는 말을 인하여 더욱 근심하고 배에까지 그를 전송하였습니다. 참으로 아름다운 작별의 광경입니다. 이는 바울이 자기의 모든 것, 곧 자기가 그리스도 안에서 가진 모든 것을 겸손과 사랑과 인내 가운데 그들에게 온전히 쏟은 열매였습니다. 바울은 그들에게 솔직하고 투명했습니다. 자신의 시련과 고통과 눈물까지 나누었습니다. 또한 기쁨으로 자신의 달려갈 길을 마치고자 하는 자신의 꿈과 계획까지도 나누었습니다.

그들은 바울의 시련과 바울의 꿈에 감정적으로까지 동일시하였습니다. 바울의 눈물은 그가 감정적으로도 그들과 하나가 되었음을 보여 줍니다. 이는 바울과 그들 모두에게 힘과 위로가 되었습니다. 이처럼 상호 간에 감정까지도 하나가 될 때, 이는 성경적인 영원한 사랑과 우정이 자라나는 토양이 됩니다.

그들의 동역은 단지 기능적이거나 직업적인 관계가 아니었습니다. 그들은 먼저, 서로를 용납하고 존경하고 섬기는 다정한 친구요 형제였습니다. 비록 작별해야 했기에 눈물을 흘렸지만, 그들은 그동안 함께 누린 사랑과 우정을 늘 기억할 것입니다. 그들이 서로를 다시 보든 보지 못하든 이는 언제나 그들 모두의 가슴속에 간직될 것입니다.

묵상 및 토의 질문

1. 목자로서의 리더십에서 여러분이 힘써 실천해야 할 점은 무엇입니까?

2. 목자로서의 리더십에서 본이 왜 중요합니까?

3. 지도자가 보여 주어야 할 본 중에서 가장 중요한 것은 무엇입니까? 왜 그렇습니까?

4. 여러분은 어떤 사람에게 하나님과 그리스도와 하나님의 말씀에서 자원을 이끌어 낼 수 있도록 어떻게 가르치겠습니까?

5. 사람들 '중에' 있으면서 서로 간에 영원한 사랑과 우정을 어떻게 계발할 수 있습니까? 그 사람들 중에서 누가 누구를 섬기고 있습니까?

6. 사람을 이끄는 원동력 중에서 여러분은 어떤 것에서 가장 강합니까? 여러분의 사역에서 이 강점을 어떻게 최대로 발휘할 수 있습니까?

4

청지기로서의 리더십

과업, 곧 할 일이 없는 지도자를 상상해 보십시오. 그는 무익합니다. 그것은 환자 없는 의사, 작물 없는 농부, 학생 없는 교사와도 같습니다.

모든 그리스도인은 각기 관리해야 할 책임이 있는 청지기입니다. 하나님께서 각 사람에게 주신 은사와 자원이 무엇이든 그것을 가지고 다른 사람들을 섬겨야 할 책임이 있습니다(베드로전서 4:10). 청지기로서의 지도자는 어떤 과업에 대한 관리와 감독의 권한을 받은 사람입니다. 거기에는 함께 일하는 다른 그리스도인들도 포함됩니다.

신약성경에서 '청지기'라는 단어는 헬라어로 '오이코노모스'인데, 주인을 대신하여 주인의 재산과 집안과 종들을 맡아 관리하는 사람입니다.

청지기로서의 리더십의 원리가 누가복음 12:35-44에 잘 나타나 있습니다. 거기에서 예수님께서는 한 비유를 들려주십니다. 어떤 주인이 자기 종들에게 자기가 돌아올 때까지 허리에 띠를 띠고 등불을 켜고 서 있으라고 했습니다. 언제든지 늘 섬길 준비를 하고 있으라는 것입니다. 이에 베드로가 묻습니다. "주께서 이 비유를 우리에게 하심이니이까? 모든 사람에게 하심이니이까?"(41절).

그 질문에 대한 대답으로 예수님께서는 청지기 비유를 말씀해 주셨습니다. "지혜 있고 진실한 청지기가 되어 주인에게 그 집 종들을 맡아 때를 따라 양식을 나누어 줄 자가 누구냐?"(42절). 청지기는 주인이 자기 종들을 맡아 관리하도록 임명한 사람입니다. 청지기의 역할은 주인이 돌아올 때까지 주인의 집에서 주인이 맡긴 과업을 이루는 것입니다. 이를 위해 종들에게 때를 따라 양식을 나눠 주며, 종들을 잘 준비시켜 할 일을 맡깁니다. 이것이 주님 안에서 청지기로서의 리더십이 할 일입니다. 예수님께서는 청지기에게 필요한 자질로서 '지혜'와 '진실함'을 강조하셨습니다.

헬라어로 '지혜'는 '소피아'인데, 사물의 본질을 꿰뚫어 볼 줄 아는 통찰력을 의미합니다. 또한 지혜는 '삶에서 올바른 행동을 취할 수 있는 분별력'이라고 할 수 있습니다(잠언 8:12-16 참조).

'진실함'이란 참되고 신실하고 성실한 것을 의미합니다. 이는 예수 그리스도를 향한 사랑과 충성입니다. 그 사랑과 충성은 아주 강력해서 언제나 신뢰할 만하고 예측 가능한 방식으로 그 사람의 행동을 이끌어 갑니다.

청지기의 중요한 임무는 지혜와 진실함으로 자신의 생활을 규모 있게 꾸려 나가며, 종들이 최선을 다하여 각자 맡은 임무를 잘 수행할 수 있도록 돕는 것입니다.

지혜 있고 진실한 리더십은 한 가지 재능을 가진 사람을 다섯 가지 재능이 필요한 일에 투입하지 않습니다. 또한 지혜롭긴 하나 진실하지 않은 사람에게 관리 책임을 맡기지 않으며, 진실하나 지혜롭지 않은 사람에게 리더십을 맡기지 않습니다.

느헤미야의 본

느헤미야는 청지기로서의 리더십에서 과연 특출한 사람이라 할 수 있습니다. 그는 청지기로서의 리더십의 여러 원리를 한데 결합하여 하나님께서 주신 과업을 아주 역동적으로 완수하였습니다. 느헤미야서를 보면, 그가 얼마나 능숙하게 이 원리들을 적용하였는지를 엿볼 수 있습니다.

기도와 계획

느헤미야는 철저했습니다. 구체적으로 기도했고, 그다음에 주도면밀하게 계획했습니다. 순서를 주목하기 바랍니다. 철저히 계획하기 전에 철저히 기도하는 것이 꼭 필요합니다. 그 순서를 거꾸로 하여 먼저 계획을 한 다음 하나님께 그 계획을 축복해 주시도록 기도할 수가 있습니다. 먼저 철저히 기도하면 더 큰 확신을 가지고, 사람의 계획이 아니라 하나님의 계획을 내놓을 수 있게 됩니다.

느헤미야 1장에서 느헤미야가 어떻게 기도했는지를 주목하십시오. 첫째로 그가 얼마나 오랫동안 간절히 기도했는가가 나옵니다. 간절히 기도한 시간이 무려 4개월이었습니다. 이 기간 그는 '울고 슬퍼하며 금식하며 기도'하였습니다(4절). 밤낮으로 간구했습니다. 유다인들의 필요를 위해 기도했습니다. 예루살렘성의 재건을 위해 기도했습니다. 여호와 하나님의 크고 두려우심과 언약을 지키심과 긍휼을 베푸심을 찬양하였습니다. 이어서 죄를 고백했고, 회개하는 자들에게 하신 하나님의 약속을 주장하였습니다. 또한 그의 마음에 없어 주신 과업에 대하여 기도하면서 하나님께서 귀를 기울이사 기도를 들으시고 형통케 해 주시고 왕 앞에서 은혜를 입게 해 달라고 간구했습니다.

느헤미야 2장을 보면 느헤미야는 예루살렘성의 재건을 두고 아주 수심이 가득했습니다. 왕이 느헤미야의 안색을 보고 그의 마음에 근심이 가득 차 있음을 읽을 수 있을 정도였습니다. 왕은 그 이유를 물었고, 느헤미야가 성을 재건하려는 강한 열망을 가지고 있음을 알게 되었습니다. 왕의 질문에 느헤미야가 한 대답을 보면 느헤미야의 철저한 기도가 철저한 계획으로 이어지는 사실을 잘 알 수 있습니다(7-8절 참조). 계획이란 어떤 일의 현재 처한 모습과 미래의 변화된 모습을 이어 주는 다리 역할을 합니다.

분명히 그는 자기 형제 하나니로부터 들은 사실이 있었고, 또 기타 여러 경로를 통해 예루살렘의 현재 형편에 대하여 정확한 상황을 파악했을 것입니다. 이를 통해 성벽을 재건하려면 무엇이 필요하고 또 어디서 얻을 수 있는지를 알게 되었을 것입니다. 또한 성벽을 재건하는 데 소요되는 대략적 시간을 계산해 보았을 뿐만 아니라 예루살렘에 안전하게 도착하려면 어떻게 해야 하는지, 건축을 준비하는 데 필요한 허가증, 소요되는 물자, 안전과 보호 장치가 무엇인지까지도 사전에 알고 있었습니다. 이처럼 철저한 기도는 철저한 계획으로 나아갔습니다. 깊은 관심으로 하는 기도는 거룩한 상상력으로 발전하였고, 마침내 창조적인 계획을 잉태하게 되었습니다. 지속적인 기도를 통해 하나님의 은혜로운 손이 그 위에 계신다는 확신을 갖게 되었습니다.

예루살렘에 도착할 무렵 그에게는 예루살렘 성벽의 재건이 하나님의 뜻이라는 강한 확신이 있었습니다. 성벽 재건 사업을 "내 하나님이 내 마음을 감화하사 예루살렘을 위하여 행하게 하신 일"이라고 표현했습니다(느헤미야 2:12).

동기 부여와 착수

빈틈없는 계획이 기도에 달려 있듯이, 일의 착수는 동기 부여에 달려 있습니다. 동기 부여가 안 된 사람들과 큰일을 시작하는 것이 불가능하지는 않지만 아주 어렵습니다.

느헤미야 2:17-18에서 유다인들을 동기 부여하는 느헤미야의 탁월한 리더십을 봅니다. 이는 결코 작은 일이 아니었습니다. 그들은 오랫동안 이웃 민족들의 업신여김과 비웃음의 대상이었기 때문입니다. 그들의 자아상은 낮아질 대로 낮아져 있었고 사기도 땅에 떨어져 있었습니다. 대적들은 힘으로 성벽 건축을 중단시켰고 건축 중이던 성벽마저 무너뜨리고 성문을 불태워 버렸습니다. 성벽이 재건되지 못하고 무너진 채로 있은 지도 이미 수십 년가량이나 되었습니다. 지역민들은 사기가 꺾일 대로 꺾여 있었고 다시 건축할 동기가 없었습니다. 느헤미야와 그의 팀은 포로 생활을 하다 귀환한 사람들로 구성되었기에 지역민들에게는 아웃사이더였습니다. 그런 그들에게 성벽을 재건하도록 동기 부여하기에는 분위기가 아주 좋지 않았습니다.

느헤미야가 그들을 어떻게 동기 부여했는지를 살펴보기 바랍니다. 동기 부여는 사람들을 이끌어 과업을 이루는 데 꼭 필요합니다. 비록 아웃사이더였지만 그는 먼저 그들과 완전히 동일시했습니다. 무너진 성벽과 돌무더기를 보면서 그가 말했습니다. "우리의 당한 곤경은 너희도 목도하는 바라. 예루살렘이 황무하고 성문이 소화되었으니"(느헤미야 2:17). '우리의 당한 곤경'이라는 표현을 주목하기 바랍니다. 그것은 '그들의' 문제가 아니라 '우리의' 문제였습니다.

다음으로, 느헤미야는 집단으로서, 그리고 개인으로서, 그들이 느끼는 필요를 알았고, 그 필요를 자기의 것으로 여겼습니다. 비록 왕의 총애를 받는 총독의 신분이었지만, 그들의 '수치'는 그의 '수치'가 되었습니다.

그들의 필요에 동일시한 후에 느헤미야는 간단하면서도 실행 가능한 해결책을 내놓았습니다. "자, 예루살렘성을 중건하여 다시 수치를 받지 말자"(느헤미야 2:17).

그 해결책이 실행 가능하다는 사실을 확신시키기 위하여, 느헤미야는 하나님께서 그 일 가운데 계시고 왕이 그 일 뒤에 있다는 사실을 분명히 했습니다. 그래서 그동안 겪은 일을 간단히 간증했습니다. "또 저희에게 하나님의 선한 손이 나를 도우신 일과 왕이 내게 이른 말씀을 고하였더니"(18절). 그다음에 느헤미야는 모든 반대와 의문을 사전에 차단하였습니다(19-20절).

이렇게 하여 바라던 반응이 나타났습니다. 백성들은 동기 부여를 받았고 심지어 아주 열정적으로 응답했습니다. "일어나 건축하자!"(18절). 사람들은 적절하게 동기 부여가 되면 과업을 착수하기 마련입니다. 만일 일을 착수하지 않고 있다면 적절히 동기 부여가 되지 않은 것입니다.

착수한다는 것은 일련의 활동을 진행하는 것을 의미합니다. 어떤 과업을 성공적으로 완수하는 데 필요한 두 가지 원동력은 동기 부여와 주도권을 유지하는 것입니다. 느헤미야는 이 사실을 깨달았고, 모든 값을 치르고 이를 유지했습니다. 느헤미야 2:19-20에서 그가 어떻게 성벽을 재건하는 일을 착수했는지를 봅니다. 첫째로 능력이 부족하다는 감정을 이겨 내야 했습니다. 주위 대적들이 그들을 업신여기고 비웃었기 때문입니다. 둘째로, 주변 대적들의 고소를 이겨 내야 했습니다. 대적들은 느헤미야와 유다인들의 동기가 잘못되었다고 거짓 고소를 해 댔습니다. "너희의 하는 일이 무엇이냐? 왕을 배반코자 하느냐?" 성벽 재건축은 반역 행위라고 했습니다. 참으로 무서운 말이었습니다. 대적들은 교묘하게 왕에 대한 느헤미야의 충성심에 의문을 제기했습니다.

이에 느헤미야는 담대하고 확신 있게 믿음의 선언을 함으로써 주도권을 쥐었습니다. "하늘의 하나님께서 우리를 형통케 해 주실 것이오. 그러므로 하나님의 종인 우리는 일어나 건축할 것이오"(20절 참조). 지도자는 반드시 주도권을 유지해야만 합니다. 일단 주도권을 잃어버리면 이끌고 있는 게 아니라 다만 반응하고 있는 것일 뿐입니다.

1970년, 내가 책임 맡은 유럽 사역이 세 배로 확장되었습니다. 참으로 감사한 일이었습니다. 그런데 거기에는 축복뿐 아니라 문제도 있었습니다. 깨닫게 된 사실은 내 자신이 사역의 많은 요구에 단지 반응하는 데에만 급급해하고 있다는 것이었습니다. 그리하여 나는 심한 피로감을 느끼게 되었고, 마침내 사역의 주도권을 완전히 상실하게 되었습니다. 한 친구가 내게, 더 큰 역량을 가진 사람에게 리더십을 넘기는 게 어떠냐고 했습니다. 나는 이 문제를 두고 주님께 간절히 기도했습니다. 그때 주님께서 내게 리더십에 관하여 아주 중요한 사실 두 가지를 가르쳐 주셨습니다.

첫째로 지도자는 어떤 값을 치르고서라도 주도권을 유지해야 한다는 점입니다. 그리고 둘째로 그 주도권을 유지하기 위해서는 지도자를 도울 팀이 필요하다는 것입니다. 다방면에서 능숙하게 섬길 수 있는 자원자들로 이루어진 팀이 필요합니다. 나는 가장 적합한 자질을 갖춘 행정 조력자를 보내 주시도록 하나님께 기도했습니다. 이렇게 해서 한 형제가 우리 팀에 합류하게 되었습니다. 그는 당시 영국 국유 철도 기관에 근무하고 있었고, 젊은 임원들 중에서 장래가 촉망되던 인물이었습니다. 그는 그 제안을 받아들여 우리 팀에 행정 책임자로 함께하게 되었습니다.

그다음에 나는 선교 현장의 지도자들과 많은 대화를 나누었습니다. 우리가 주님을 의지하는 하나의 팀으로서 각자의 능력을 최대로 활용하여 기능을 잘하려면 어떻게 해야 할지 기도하며 토의했습니다. 그들 또한 적극적인 반응을 보였습니다. 이렇게 해서 불과 몇 달 만에 우리는 다시 주도권을 쥐게 되었습니다. 사역도 더욱 발전적이고 규모 있는 모습을 띠게 되었습니다. 주도권의 회복으로 그간에 지치고 침체되었던 마음이 돌이켜 열정적으로 모험을 시도하는 쪽으로 바뀌게 되었습니다.

느헤미야는 자기가 주도권을 잃고 있는 것을 보았을 때, 종종 공적으로 믿음을 선언함으로써 추진력을 회복하곤 하였습니다. 성벽을 재건하는 일이 절반쯤 이루어졌을 때입니다. 대체로 어떤 일을 완성하는 과정에서 중간 지점에 왔을 때가 중요한 시점입니다. 이때가 보통 추진력이 떨어지는 때입니다. 처음 시작할 때의 열정은 식고, 끝이 가까움을 보는 데서 오는 활기가 솟아나기는 아직 멀었습니다. 이때가 대적들이 성벽을 건축하는 자들을 공격하려고 위협하는 때입니다. 느헤미야는 이렇게 선언했습니다. "너희는 저희를 두려워 말고 지극히 크시고 두려우신 주를 기억하고 너희 형제와 자녀와 아내와 집을 위하여 싸우라. 너희가 무론 어디서든지 나팔 소리를 듣거든 그리로 모여서 우리에게로 나아오라. 우리 하나님이 우리를 위하여 싸우시리라"(느헤미야 4:14,20). 그는 그들에게 하나님께 대한 믿음과, 자기 집과 가족을 위한 관심을 상기시키면서 새롭게 동기를 부여했습니다.

느헤미야는 믿음의 선언을 한 후 뒤이어 적절한 조치를 취했습니다. 일꾼을 무장시켰고, 요소요소에 군사를 배치하여 경비를 강화했습니다. 뿐만 아니라 자기와 자기 종들도 무장을 하고 방비하다가도 언제든지 다른 쪽에서 요청이 있으면 그리로 달려가 싸울 수 있도록 했습니다. 절반은 일을 하고, 절반은 언제든 싸울 수 있도록 만반의 준비를 갖추었습니다. 그리하여 그는 잠시 소강상태에 머물러 있던 성벽 재건에 다시금 활력을 불어넣고 피치를 올렸습니다. 주도권을 유지하기 위해서는 지도자가 믿음을 나타내 보여 주고, 또한 그 일을 감독하는 일에 적극적으로 참여해야만 합니다.

조직, 권한 위임, 인원 배치

느헤미야는 예루살렘에 도착한 지 3일 후에 몇몇 사람만 데리고 성벽을 주의 깊게 조사했습니다(느헤미야 2:11-15). 이것은 잠언 24:3-4과 조화를 이룹니다. “집은 지혜로 말미암아 건축되고 명철로 말미암아 견고히 되며 또 방들은 지식으로 말미암아 각종 귀하고 아름다운 보배로 채우게 되느니라.” 다른 번역본으로도 읽어 봅시다. “모든 사업은 지혜로운 계획으로 세워지고, 사려 깊은 판단으로 견고하게 되며, 명확한 상황 파악으로 놀라운 이윤을 남긴다”(리빙바이블).

느헤미야 3장에서, 40개가 넘는 그룹과 개인이 성벽의 각 부분을 맡아 열심히 일하는 모습을 봅니다. 여기에 조직의 편성이나 권한 관계를 보여 주는 조직도 같은 것은 나와 있지 않지만, 성벽 건축에 종사하는 사람들의 명단이 구체적으로 기록되어 있습니다. 초점은 실제로 하는 기능에 있지 조직도나 지위에 있지 않습니다.

흥미로운 점은, 이러한 큰 과업을 진행하면서 느헤미야 자신은 성벽 건축하는 일에 어느 한 부분을 직접 맡아 참여하지는 않았다는 사실입니다. 다만 모든 시간을 들여 성 건축에 대한 전반적인 감독을 했습니다. 많은 인원이 많은 장소에서 건축에 종사하고 있었습니다. 느헤미야의 종들도 팀을 이루어 성벽에서 일했습니다. 이를 통해 느헤미야는 성벽 재건 사업 전체를 감독할 수 있게 되었고, 자기 팀의 사람들을 일손이 가장 필요한 곳에 때에 맞게 투입할 수 있었습니다.

그가 이 성벽 건축 프로젝트를 어떻게 조직했는가를 좀 더 자세히 살펴봅시다. 조직하는 일에는 인력과 과업이 관련되어 있습니다.

* 그는 현 상황을 조사하여 성벽의 어떤 부분에서 어떤 일이 이루어져야 하는지를 파악했습니다.
* 그는 일할 수 있는 사람들에게 성벽의 각 부분을 나누어 맡겼습니다.
* 그는 별도의 소규모 기동팀을 준비하고 있어서, 필요하면 언제 어디서든지 성벽을 건축하거나 방비하는 일로 섬길 수 있게 했습니다.

조직과 위임에서 느헤미야의 탁월성은 각 부분에 인원을 배치하는 데서 엿볼 수 있습니다. 인원 배치는 인력의 선발과 훈련에 관한 것인데, 이는 모든 경영 관리 기능 중에서 가장 중요하다고 할 수 있습니다.

첫째, 느헤미야는 기존의 다양한 인간관계를 기초로 하여 시작했습니다. 예를 들어, 대제사장과 제사장들은 양문에서 일했습니다. 예루살렘의 절반을 다스리는 자들과 그들의 사람들은 자신들이 관할하는 지역 성벽의 여러 부분에서 일했습니다. 외지에서 온 사람들은 그들끼리 같은 부분에서 함께 일했습니다. 어떤 가족들은 각자의 부분을 맡아 건축했습니다. 이미 형성된 인간관계를 활용하여 일을 가장 효과적이고 조화롭게 할 수 있었을 것입니다. 그는 가능하면 자질이 입증된 지도자들을 선발하여 이끌게 했습니다.

둘째, 대제사장과 제사장들에게 건축 시작을 맡김으로써 나머지 사람들을 위한 본을 삼았습니다. 그들은 맡은 부분을 완성했을 때 그것을 주님께 성별하여 드렸습니다. 백성의 통치자들과 가장들이 성벽에서 일하는 모범적인 모습 또한 큰 영향을 미쳤습니다. 일을 성취하는 데 가장 훌륭한 교사요 동기 부여가 되는 요소는 자신이 존경하는 사람들의 본입니다.

셋째, 사람들이 이미 관심 갖고 있는 지역이 있으면 그들에게 맡겨서 건축하게 했습니다. 양문은 대제사장과 제사장들에게는 가장 관심이 있는 부분이었습니다. 그곳은 성전에서 희생 제물로 드릴 동물들을 가져올 때 거치는 곳이었습니다. 또 어떤 사람들은 자기 집 근처를 건축하였습니다. 집 근처 성벽을 건축하는 것은 그들의 안전과 보호에 필수였기 때문입니다. 남자들은 자기 자신과 가족과 집을 지키고 보호하기 위해 열심히 일했을 것입니다. 또 어떤 사람은 개인적인 관심이 아주 많은 곳이어서 더욱 열심히 땀을 흘리며 탁월하게 일했을 것입니다.

넷째, 느헤미야는 자원을 활용하는 수완이 뛰어났습니다. 할 수 있는 대로 모든 인적 자원을 활용하였습니다. 건축 분야에 전문가인 사람들도 있었겠지만 그렇지 않은 사람들도 많았습니다. 다양한 부류의 사람들이 건축에 참여했습니다. 제사장들(3:1,22,28), 성전 수종자들(느디님 사람, 3:26), 금장색(3:8,31,32), 향품 장사(3:8), 상인들(3:32) 등 아주 다양했습니다. 성벽 건축은 모두의 유익을 위한 것이었기에 모두가 참여해야 했습니다. 성벽 건축은 크고 긴급한 과업이었습니다. 일을 할 수 있는 사람은 아무도 열외로 빠지지 않았습니다. 파트타임으로 참석하여 기여한 사람들도 많았을 것입니다. 느헤미야는 모든 자원을 극대화하는 법을 알았습니다. 여기에 리더십의 열쇠가 있습니다.

다섯째, 느헤미야는 사람들에게 구체적인 과업을 할당하고, 그것을 어떻게 이룰지는 자유재량에 맡겼습니다. 예를 들어, 드고아의 귀족들은 그 감독자들 밑에서 노동을 하지 않았습니다(3:5). 그들의 자유재량에 맡겼고, 감독자들도 거기에 간섭하지 않았습니다. 흥미롭게도 나중에 드고아 사람들이 성벽의 또 다른 부분을 맡아 건축하였습니다(3:27). 그들은 일을 하는 과정에서 직접 문제에 맞닥뜨리면서 스스로 새로운 결단을 내리게 되었고, 그러면서 나중에 성벽의 한 부분을 더 맡아 건축하였을 수도 있다는 생각이 듭니다. 아무튼 드고아 사람들은 성벽의 두 부분을 중수한 유일한 그룹이었습니다.

여섯째, 느헤미야는 각 그룹과 사람들에게 과업을 할당한 후 그 과업의 전 과정을 시작부터 완성까지 전적으로 그들에게 일임했습니다. 그 사람들은 과업을 시작할 뿐 아니라 끝마쳐야 했습니다.

일곱째, 느헤미야는 그들이 각자에게 할당된 과업에 대하여 책임을 지고 결산하게 했습니다. 느헤미야와 그의 종들은 이를 감독하였습니다.

앞에서도 말했듯이, 일을 성취하는 데 가장 훌륭한 교사요 동기 부여가 되는 요소는 자신이 존경하는 사람들의 본입니다.

인원의 선발과 훈련은 경영 관리의 여러 기능 중에서 가장 중요할 뿐 아니라 가장 어렵기도 합니다. 과업을 실행 가능한 단위로 나누어 할당하고, 각 과업을 이끌어 갈 사람들의 책임과 권한을 정하는 일은 비교적 단순합니다. 그러나 그룹을 효율적이고 효과적으로 이끌 사람을 선발하고 훈련하는 것은 조직과 위임이 제대로 작동하도록 하는 것이기에, 이는 실로 과학이요 예술이라고 할 수 있습니다. 우리는 참으로 주의 깊게 올바른 사람을 선발해야 합니다.

저명한 경영학자인 피터 드러커는 이렇게 말합니다. "나는 뛰어난 리더십들을 관찰할 기회가 있었는데, 그중에는 결정을 빨리 하는 이도 있었고, 좀 천천히 하는 이도 있었습니다. 그러나 인사상의 결정은 예외 없이 천천히 했고, 여러 번 심사숙고하고 나서 실행에 옮겼습니다.… 성급한 인사 결정은 잘못될 가능성이 높습니다. 그들이 배운 바는, 인사상의 결정에서 올바른 답에 이르고 싶다면 주변의 방해를 받지 않고 오랫동안 깊이 생각한 다음에 해야 한다는 사실이었습니다. 그런 결정은 시간을 들여야 하는 일입니다. 하나님께서 사람을 창조하실 때 조직의 '자원'으로 창조하지 않으셨다는 단순한 이유 때문입니다. 사람은 기계 부품처럼 어느 조직의 과업에 딱 맞게 규격품으로 지음받은 게 아닙니다. 따라서 사람을 과업 성취에 필요한 단순 부품으로 여겨서는 안 됩니다.… 그러므로 어떤 과업을 사람들과 함께 이루려면 많은 시간과 생각과 판단이 필요합니다."

평가와 독려

위대한 영적 과업은 그 과업의 성취를 위해 수고하는 사람들을 평가하고 독려하는 일 없이는 결코 이룰 수 없습니다. 이는 우리를 대적하는 강력한 적이 있기 때문입니다. 그 적은 우리에게서 주도권을 낚아채 가고, 우리를 곁길로 빠지게 하며, 발을 헛딛게 하고, 자신감을 떨어뜨리고, 우리 앞에 놓인 과업을 완수할 능력에 대해 의심하게 하려고 항상 벼릅니다. 느헤미야서를 보면 적은 처음에는 낙심케 하려고 애씁니다. 그것이 성공하지 않자 분열시키려 하고, 그것이 효과가 없자 생각을 다른 데로 분산시키려 하고, 그것마저 효과가 없자 이번에는 지도자인 느헤미야의 명성을 무너뜨리려고 했습니다.

이런저런 방법으로 적은 계속 우리에게서 주도권을 빼앗아 가려고 시도합니다. 만일 대적에게 주도권을 빼앗긴다면, 우리는 하나님 나라에서 우리를 향한 하나님의 목적을 성취하지 못할 것입니다. 그러므로 하나님께서 주신 공동 과업에서 섬기는 사람들을 평가하고 독려하는 것과 그들의 목표를 성공적으로 성취하도록 돕는 것은 꼭 필요한 일입니다.

먼저 우리는 평가합니다. 이를 통해 목표 성취 과정에서 지금 어디에 있으며, 그 목표를 향하여 계속 나아가도록 독려하는 데 필요한 것이 무엇인지를 알게 됩니다. 강조점은 평가에 있지 않고 독려에 있어야 합니다. 리더십이 오직 평가만 하는 것은 적절하지 못합니다. 평가만 있고 독려가 없으면 그 사람을 낙심케 할 뿐 아니라, 급기야 그만 포기하게 할 수도 있습니다.

따라서 평가 후가 중요합니다. 리더십이 종으로서 섬기고, 목자로서 돌보고, 청지기가 되는 이 모든 기능을 발휘하며 독려하기 시작하는 때가 바로 이때입니다.

예루살렘 성벽은 오랫동안 황폐한 상태로 있었는데, 느헤미야가 사람들과 상황을 평가하고, 그다음 그들을 독려하여 불과 52일 만에 성벽 재건을 끝마쳤습니다. 이 사실을 좀 더 자세히 살펴보기 전에 용어를 잠시 정의해 봅시다.

'평가'란 상황을 이모저모로 자세히 뜯어보며 살피는 것을 뜻합니다. 이를 위해서는 지혜와 명철이 필요합니다. 지혜란 사물의 참본질을 꿰뚫어 보는 것입니다. 명철이란 원하는 결과를 얻기 위하여 실제적으로 행해야 할 게 무엇인지를 분별하는 것입니다. 하나님께서는 그리스도로 말미암아 그 은혜의 풍성함을 따라 우리에게 모든 지혜와 총명[명철]을 넘치게 부어 주시겠다고 약속하십니다(에베소서 1:7-8). 리더십은 이 약속을 주장해야 합니다.

'독려'란 격려와 지원을 통해 유지하고 지속하게 하는 것입니다. 사람의 심령이 낙심하여 가라앉지 않도록 활력을 불어넣어 주는 것입니다. 예를 들어, 모세는 여호수아가 백성을 이끌고 약속의 땅으로 인도할 준비를 하는 일에서 여호수아를 독려했습니다. 이를 위해 여호수아에게 일을 위임하고, 여호수아를 격려하고 강하게 하며, 그에게 자신의 권한의 일부를 주었습니다(민수기 27:20, 신명기 3:28).

평가하고 독려하는 면에서 느헤미야의 열쇠는 상황에 대한 예리한 통찰력과 아울러 사람들에 대한 명철한 분별력이었습니다. 주님께서 주신 지혜로 그는 현 상황과 이와 관련된 사람들의 실상을 꿰뚫어 볼 수 있는 통찰력이 있었습니다. 그는 문제의 핵심으로 곧장 나아갔습니다. 사람들을 위해 무엇을 해야 할지, 또한 그 과업을 이루기 위해 무엇을 해야 할지를 아는 분별력이 있었습니다.

느헤미야는 성벽을 재건하는 과정에서 평가하고 독려해야 할 일이 많이 있었는데 몇 가지를 들면 다음과 같습니다.

* 백성들의 자신감 결여에서 오는 두려움 극복 (느헤미야 4:1-6).
* 적의 공격 위협 (느헤미야 4:7-23)
* 일부 백성의 이기적 행동으로 인한 내부 분열과 다툼 (느헤미야 5:1-19)
* 불필요한 협상 요구로 인한 마음과 힘의 분산 (느헤미야 6:1-9)
* 느헤미야 개인에 대한 거짓 고소와 음모 (느헤미야 6:6-14).

첫 번째 사항을 살펴봅시다. 자신감 결여에서 오는 두려움은 아마도 유다인들 속에 이미 깊이 각인되어 있었을 것입니다. 자신들을 둘러싼 환경의 황폐한 실상을 두 눈으로 보았고, 선조들 때부터 이미 여러 세대 동안 이 황폐한 환경 속에서 살아왔습니다.

대적들은 여러 세대 동안 유다인들에 대해 우월감을 드러내었고 유다인들을 비웃었습니다. "이 미약한 유다 사람들의 하는 일이 무엇인가? 스스로 견고케 하려는가? 제사를 드리려는가? 하루에 필역하려는가? 소화된 돌을 흙무더기에서 다시 일으키려는가?… 저들의 건축하는 성벽은 여우가 올라가도 곧 무너지리라"(느헤미야 4:2-3). 다른 번역본으로도 읽어봅시다. "힘도 없는 유다인들이 무엇을 한다고 수선을 떠는가? 그들이 자체 방어라도 할 수 있다고 생각하는 게냐? 제물이라도 바치면 무슨 효력이라도 생기는 줄 아느냐? 성벽 공사가 무슨 하루 일거리냐? 그들이 불타 버린 잿더미 속에서 혹시 축성에 필요한 돌덩이들을 다시 꺼내어 쓰기라도 할 작정들이냐? 그들이 돌무더기를 옮겨다가 성벽을 쌓는다 해도 모두 헛일이다. 그 성벽 위에서 여우 새끼만 뛰어다녀도 그 돌이 모두 무너져 내릴 것이다!"(현대어 성경). 이런 비웃는 말은 타는 불길에 기름을 붓는 격이어서 그들은 두려움에 휩싸였습니다.

적은 하나님께서 우리에게 주신 일을 효과적으로 완수하지 못하게 하려면 어디를 공격해야 할지를 잘 알고 있습니다. 적은 우리의 건강한 자아상을 무너뜨리려고 온갖 방법을 궁리합니다. 느헤미야는 유다인들이 이 초라한 자아상을 극복하도록 도와주지 못한다면 그들은 낙심하게 될 것이고 결국에는 성벽 재건하는 일이 멈추게 될 수도 있음을 알았습니다.

그는 초라한 자아상을 극복하는 첫 번째 해결책은 하나님이 누구신지를 올바로 아는 것임을 알았습니다. 그는 기도를 하고 나서 하나님께서 대적들의 모욕과 업신여김을 그들의 머리에 돌리실 것이라고 믿음으로 선포했습니다(4:4). 하나님께서 당신 편이라면 대적들이나 당신의 부족함에 대하여 염려하지 마십시오.

타이완에 파송되어 선교사로서 첫 임기를 마치고 돌아왔을 때, 나의 그다음 임무는 네비게이토 선교회 국제 본부에서 선교사 훈련을 담당하는 일이었습니다. 한 훈련생이 나와 개인적으로 이야기하고 싶어 했습니다. 그는 하나님께서 나의 사역을 통하여 뛰어난 중국인 지도자 여러 명을 불러 일으켰다는 말을 듣고, 몇 달 동안 나를 관찰한 후에 나에 대해 궁금한 것이 생겼다고 했습니다. 그는 하나님께서 왜 나를 타이완에서 사용하셨는지 이해할 수 없다고 했습니다. 나는 그 말에 동의하지 않을 수 없었습니다. 나 역시 하나님께서 왜 나 같은 사람을 사용하셨는지 이해할 수 없었기 때문입니다. 하나님의 은혜는 인간의 이해를 뛰어넘습니다. 우리는 단지 깨지기 쉬운 질그릇에 불과합니다. 그 이유가 고린도후서 4:7에 나타나 있습니다. "그러나 질그릇 같은 우리 속에 이 보화를 가진 것은 그 엄청난 능력이 하나님에게서 나온 것이지 우리에게서 나온 것이 아니라는 것을 보여 주기 위한 것입니다"(현대인의 성경).

예레미야 1:4-10에서, 여호와 하나님께서 예레미야에게 "내가 너를 열방의 선지자로 세웠노라"라고 하시자, 예레미야는 자기는 너무 어려서 선지자가 될 수 없다고 말씀드렸습니다. 그때 하나님께서는 단순 명쾌하게 그에게 말씀하셨습니다. "너는 아이라 하지 말고 내가 너를 누구에게 보내든지 너는 가며, 내가 네게 무엇을 명하든지 너는 말할지니라. 너는 그들을 인하여 두려워 말라"(7-8절). 왜냐하면 하나님께서 그와 함께하여 그를 구원하실 것이요(8절), 주님께서 그의 입에 주님의 말씀을 넣어 주실 것이기 때문입니다(9절). 예레미야의 초라한 자아상은 하나님이 누구신지를 올바로 앎으로 말미암아 극복되었습니다.

초라한 자아상을 극복하는 데 필요한 두 번째 해결책은 자신을 생각하지 않고 하나님께서 주신 과업을 생각하는 것입니다. "이에 우리가 성을 건축하여 전부가 연락되고 고가 절반에 미쳤으니 이는 백성이 마음 들여 역사하였음이니라"(느헤미야 4:6). '마음 들여' 역사하였다는 말씀을 주목하기 바랍니다. 그들은 성벽 재건을 위해 힘닿는 데까지 열심히 일했습니다. 최선을 다하여 성벽 재건에 온 힘을 쏟았습니다. 어떻게 해서라도 성벽 재건을 기어이 해내고야 말겠다는 마음으로 계속 쌓아 올렸습니다.

세례 요한은 하나님께서 주신 일에 전적으로 몰두하고 몰입한 사람의 완벽한 본입니다. 그는 온몸을 바쳐 하나님의 일을 하였습니다. 요한복음 1:20-23에서 요한은 "네가 누구냐? 엘리야냐? 그 선지자냐? 너는 네게 대하여 무엇이라 하느냐?"라는 질문을 받았을 때 단순 명료하게 이렇게 대답했습니다. "나는 광야에서 외치는 자의 소리로라." 그는 하나님의 일을 하면서 자신을 온전히 비웠습니다.

느헤미야는 일꾼들과 그들의 상황을 평가했고, 이를 통해 그 길에 놓인 장애물이 자신감 결여와 그로 인한 두려움임을 보았습니다. 그다음에 그들을 독려했습니다. 하나님을 올바로 알도록 도와주었고, 그들이 하나님께서 주신 과업에 몰두하여 '마음 들여' 온 힘을 다해 성벽 재건을 계속 힘쓰도록 도와주었습니다.

이 면에서 균형을 올바르게 유지하는 것이 필요합니다. 탁월한 기독교 교육학자인 하워드 핸드릭스 박사가 그 좋은 예입니다. 그는 '기어 변속'이라는 방법을 사용합니다. 오후 늦게 퇴근하여 집으로 갈 때면 '생각의 기어'를 하나님께서 학교에서 주신 일로부터 가정에서 주신 일로 변속합니다. 집에 도착할 때쯤이면 그 기어는 남편과 아버지의 위치로 변속되어 있습니다. 그리하여 그는 하나님께서 주신 가정에서의 과업을 수행하게 됩니다. 아침에 다시 차를 운전하여 직장으로 갈 때는 그의 기어는 학교에서 하나님께서 주신 일로 다시 바뀝니다. 학교에 도착할 때쯤이면 기어는 변속이 완료되어 있습니다. 그래서 학교에서 그에게 주신 일에 전심전력할 준비가 되어 있습니다.

믿음과 역사에서 본을 보여 줌

성벽을 재건하는 내내 느헤미야는 믿음과 역사에서 본이 되었습니다. 대적이 공격하겠다고 위협했을 때 느헤미야는 이렇게 선언했습니다. "너희는 저희를 두려워 말고 지극히 크시고 두려우신 주를 기억하고 너희 형제와 자녀와 아내와 집을 위하여 싸우라. 우리 하나님이 우리를 위하여 싸우시리라"(느헤미야 4:14,20). 여기에서 그의 견고한 믿음을 볼 수 있습니다. 그런 위기에서 그는 또한 놀라운 역사를 보여 주었습니다. 그와 그의 팀은 성벽 역사에 온 힘을 기울여 수고하였습니다. 반절은 성벽 건축에 종사하고, 반절은 무장하고 파수하면서 언제든지 전투할 태세를 갖추었습니다. 그들은 그 위기 내내 밤낮으로 옷을 벗지 않고 일을 하였습니다.

그런데 위기 상황이 발생했습니다. 부자들이 동족인 유다인들에게 돈을 빌려 주면서 높은 이자를 부과하였고, 그 때문에 어떤 유다인들은 자기 자녀를 종으로 팔아야 했습니다. 그때도 느헤미야는 믿음을 나타내 보였습니다. 그는 부자들에게 이스라엘 백성을 향한 성경의 율법을 제시하고는 잘못을 돌이키겠다고 약속하라고 요구하였습니다. 그런 다음 자기 옷자락을 털며 이렇게 말했습니다. "이와 같이 하나님이 이 약속을 지키지 않는 사람들의 집과 재산을 털털 털어 빈털터리가 되게 하실 것입니다!"(느헤미야 5:13, 현대인의 성경). 이에 부자들은 느헤미야의 말대로 따르겠다고 약속했습니다.

느헤미야의 역사는 그의 믿음과 조화를 잘 이루었습니다. 느헤미야 5:14-16을 보면, 그는 성벽 재건 역사에 온전히 헌신되어 있어서, 양식이나 포도주나 은 등 자신이 마땅히 받을 총독의 녹을 받지 않았습니다. 백성과 그들의 역사에 부담을 주지 않기 위해서였습니다. 도리어 하나님을 경외함으로 성벽 역사에 힘을 다하였고, 그의 모든 종자들도 함께 성벽 역사를 계속하였습니다. 그들은 땅을 사는 것이나 그 과업을 통해 부당 이득을 취하려는 생각은 추호도 하지 않았으며, 오로지 그들의 관심은 예루살렘의 재건뿐이었고, 성벽 역사에 한마음 한뜻으로 임하였습니다.

대적들은 모반을 꾸미고 있다고 거짓 고소를 하였습니다(느헤미야 6:6-7). 이처럼 음모와 흉계를 꾸며 겁을 주면 유다인들이 사기를 잃고 공사를 중단하리라 생각하였던 것입니다. 이런 일을 겪으면서 느헤미야와 백성들은 모두 육체적으로도 힘들 뿐 아니라 정신적 피로가 최고조에 달했습니다. 그럴 때 느헤미야는 다시 하나님께 "이제 내 손을 힘 있게 하옵소서"(6:9) 하고 기도함으로써 믿음과 역사에 본을 보였습니다.

느헤미야가 '우리 손'이라고 하지 않고 '내 손'이라고 한 것을 주목하십시오. 이렇게 말한 것은, 느헤미야가 다시 새로워지고 힘을 내는 것을 보면 백성들이 그의 믿음을 본받으리라는 것을 알고 있었기 때문입니다. 느헤미야는 자신을 힘 있게 하실 하나님께 대한 믿음을 본으로 보여 주었고, 그의 역사에서 새로워진 힘을 나타내 보여 주었습니다. 이를 통해 유다인들도 하나님을 구하게 되었고, 또한 그들의 손의 역사를 위한 새 힘을 얻게 되었습니다.

그리하여 그들은 새로운 마음으로 성벽 역사에 전심전력하게 되었고, 6장 후반부에 그 결과가 다음과 같이 기록되어 있습니다. "성 역사가 오십이 일 만에… 끝나매, 우리 모든 대적과 사면 이방 사람들이 이를 듣고 다 두려워하여 스스로 낙담하였으니 이는 이 역사를 우리 하나님이 이루신 것을 앎이니라"(느헤미야 6:15-16). 느헤미야는 믿음과 역사에서 본을 보여 주었고, 백성은 느헤미야의 본을 따랐으며, 그 결과 성벽 재건 사업이 완성되었습니다. "이는 이 역사를 우리 하나님이 이루신 것을 앎이니라." 그렇습니다. 이 모든 과정은 느헤미야와 유다인들의 역사나 성취가 아니라, 오직 하나님의 역사요 하나님께서 이루신 것이었습니다!

청지기로서의 리더십은 모든 자원을 최대로 활용하여 하나님께서 주신 구체적인 과업을 이루려고 할 때 가장 빛을 발합니다. 느헤미야의 경우에 그 과업은 성벽을 재건하는 일이었습니다. 오늘날 우리에게 주신 과업은 무엇입니까? 모든 족속으로 제자를 삼아 예수 그리스도의 일꾼을 배가함으로써 예수 그리스도의 지상사명을 성취하는 것입니다.

묵상 및 토의 질문

1. 여러분 주위에 있는 사람들이 영적으로 성장하도록 동기를 부여할 때, 여러분이 그들의 필요에 동일시한다는 사실을 나타내 보여 줄 수 있는 것으로 무엇이 있습니까?

2. 다른 사람들로 하여금 관심의 초점을 자신들을 실망시키는 주위 환경이 아니라 하나님께 맞추도록 도와줄 수 있는 방법은 무엇입니까?

3. 공동 과업을 이루어 가는 과정에서 여러분과 함께 팀워하는 이들에게 본을 보여 줄 수 있는 것으로는 무엇이 있습니까? 이것을 어떻게 실천하겠습니까?

성경 속의 리더십

초판 1쇄 발행 : 2024년 4월 5일

펴낸곳 : 네비게이토 출판사 ©
주소 : 03784 서울시 서대문구 연희로 16 (창천동)
전화 : 02) 334-3305(대표), 334-3037(주문), FAX : 334-3119
홈페이지 : http://navpress.co.kr
출판등록 : 제10-111호(1973년 3월 12일)
ISBN 978-89-375-0641-3 03230

본 출판사의 서면 허락 없이는 본서의 전부 또는
일부의 무단 복제, 또는 원문에 대한 무단 번역을 금합니다.